妙好人の詩《うた》

Akimichi Kikufuji
菊藤明道

法藏館

しんじつしんじんうるひとわ　うたがいとられてはすのはな

――真実信心うる人は　疑いとられて蓮の華――

浅原才市

序

放送ディレクター　金光《かなみつ》 寿郎《としお》
（元・NHK宗教番組チーフ・ディレクター）

私は宗教関係の番組を企画制作する放送ディレクターという仕事をしている関係で、よく大きな書店の宗教コーナーを眺めて廻ります。

ある日、『妙好人伝《みょうこうにんでん》の研究』（法藏館）という大きな本を見かけたので手にとってみると、「あとがき」に楠《くすのき》 恭《きょう》という名前がありました。私は、以前から妙好人研究家として知られた楠さんにたいへん親しくしていただいていたのです。さらに読んでみると、著者の菊藤明道先生も平成十年に鶴見大学での学会発表の後で楠さんと話し合っておられます。

その時、私は数年前に楠さんから、「先日の学会で、妙好人について若い人の発表を聞いたが、新しい妙好人の研究者が出てきたことはいいことだ。その後で、横浜の中華街で食事をしながら話した」と聞いていたことを思い出しました。その若い人が菊藤先生だったのでした。

改めて内容を拝見しますと、表題のとおり、これまで江戸から明治にかけて出版されている『妙好人伝』の著者などについての裏づけ研究や、「妙好人の倫理観」などの論文の後に、「新出・妙好人『摂州《せっしゅう》さよの信心の歌』について」という章があるのが目に付きました。早速読んでみますと、聴聞《ちょうもん》を続けて自分では解ったつもりでいた自力《じりき》から、本願他力《ほんがんたりき》への転換が見事に歌われています。

こうして、この本の著者が、かつて楠さんから話を聞いていた菊藤先生だったことと、私の知らなかった「妙好人さよさん」の歌が載っていたこととの組み合わせで番組が成立すると思えたので、その本を買って帰りました。そして、後日、菊藤先生に電話をかけ、放送という運びになった結果が、この本でご覧いただく第五章となった次第です。

本書『妙好人の詩《うた》』には、江戸時代の「おさよさん」「お軽《かる》さん」のほかにも、つい数年前までご存命だった宗教詩人の榎本栄一さんや教育者の東井義雄さんの詩などが紹介されています。

「妙好人」といえば、現代生活からかけ離れた人たちと思われがちですが、私も何回かお会いしたお二人が紹介されていることに新鮮さを感じます。このお二人とも、自分が妙好人の中に入れられたと知ったら「とんでもない」と辞退されることでしょう。しかし、ご本人は「妙好人ではない」といいながら、その生きている姿から「法性《ほっしょう》の常楽《じょうらく》」を感じさせるところに妙好人のすばらしさがあるように思います。

「妙好人」と呼ばれる人たちにも、煩悩《ぼんのう》と呼ばれるさまざまな人間の思いがあり、そこにはエゴの色合いが付《つ》き纏《まと》っているのですが、その人間のエゴが、如来《にょらい》の光明《こうみょう》、存在の深みから放たれる光に照らされると、濁《にご》りが輝きに変わります。人間は、自分の目線の高さに応じてしか物が見えないそうですが、この人たちにエゴの濁りが輝きに変わる不思議さがあることを認めることができる人は、自分の生き様を、妙好人の世界からの光に照らし合わせることにより、新しい世界への眼が開かれ、現代社会の行き先にも一条の光明を見ることができるでしょう。

平成十七年十月一日

妙好人の詩《うた》＊目　次

目　次

第一章
「妙好人」とは

●はじめに……●

妙好人《みょうこうにん》とは、「妙《たえ》に好ましい人」の意味です。身はこの世にありながら、阿弥陀如来《あみだにょらい》の摂取《せっしゅ》の光明《こうみょう》、お慈悲《じひ》に包まれ、日々の生活のなかで、お念仏《ねんぶつ》を称《とな》えつつ、尊いいのちを豊かに生きている人のことです。「妙好」とは、善悪・賢愚・貧富など世俗的な価値観からの言葉ではなく、仏さまのさとりの智慧《ちえ》、仏智《ぶっち》において称讃された言葉なのです。

●仏・仏法を表す華……●分陀利華（白蓮華）

お釈迦《しゃか》さまは『観無量寿経《かんむりょうじゅきょう》』末尾の「流通分《るづうぶん》」のなかで、阿弥陀如来のご本願を信じ喜びお念仏する人を讃《たた》えて、「もし念仏するものは、まさに知るべし、この人はこれ人中《にんちゅう》の分陀利華《ふんだりけ》なり」といわれました。

この「分陀利華」とは、古代インドのサンスクリット語のプンダリーカ（puṇḍarīka）の音写《おんしゃ》で「白蓮華《びゃくれんげ》」を意味します。蓮《はす》にはいろんな種類やさまざまな色がありますが、とくに白蓮華は尊い花とされています。「妙好華《みょうこうげ》」とも「百葉花《ひゃくようか》」ともいわれ、また「蔡《さい》華《け》」ともいわれます。「蔡華」とは千葉《せんよう》（千枚の花びら）の白蓮華のことで、「蔡《さい》」とは白い亀のことです。聖人《せいじん》が世に現れるとき、白い亀が千枚の花びらをもつ白蓮華に乗って現れる、という言い伝えがあるのです。

この白蓮華は、仏《ぶつ》・如来《にょらい》を指す場合もあります。『涅槃経《ねはんきょう》』には、「仏・如来の名の如《ごと》し……また大分陀利《だいふんだり》と名づく」と記されています。

また、念仏の行者・信心の人を讃えるのに用いられることもあります。中国唐代の浄土教の高僧・善導大師《ぜんどうだいし》は『観無量寿経』の注釈書『観経疏《かんぎょうしょ》』の「散善義《さんぜんぎ》」で、念仏者を白蓮華に喩《たと》えておられます。

そして、親鸞さまも「分陀利華」という語を善導大師の「散善義」から引用されて、ご自身の著述のなかにしばしば記しておられます。『一念多念証文《いちねんたねんしょうもん》』には「如来のみことに、分陀利華を念仏のひとにたとへたまへるなり」、『唯信鈔文意《ゆいしんしょうもんい》』には「信心をえたるひとをば、分陀利華とのたまへり」、そして『教行信証《きょうぎょうしんしょう》』「正信偈《しょうしんげ》」には「一切善悪凡夫人　聞信如来弘誓願　仏言広大勝解者　是人名分陀利華（一切善悪《いっさいぜんあく》の凡夫人《ぼんぶにん》、如来《にょらい》の弘誓願《ぐぜいがん》を聞信《もんしん》すれば、仏《ぶつ》、広大勝解《こうだいしょうげ》のひととのたまへり。この人《ひと》を分陀利華《ふんだりけ》と名づく）」と記されているのです。

＊　＊　＊

「分陀利華」については、江戸末期に岐阜県不破郡垂井《たるい》町・浄土真宗本願寺派専精寺《せんしょうじ》の住職・僧純《そうじゅん》師が編集刊行された『妙好人伝《みょうこうにんでん》』（全五篇）の初篇に、島根県安来市徳応寺の住職・誓鎧《せいがい》師の序文があり、次のように記されています。

天竺《てんじく》に分陀利華《ふんだりけ》といふは、かの阿耨達池《あのくだっち》なる広大の白蓮華《びゃくれんげ》なり。その色《いろ》雪のごとく銀のごとし。そのかたちは車蓋《しゃがい》のごとくにて微妙殊勝《みみょうしゅしょう》なれば妙好華《みょうこうげ》とぞいふめる。すべて華《はな》おほしといへども蓮《はちす》にまされるはなく、蓮の中にこの分陀利華にまされるはなし。さるによりて、経《きょう》には无上世尊《むじょうせそん》をこの華にたとへ、又は法華《ほっけ》の一乗経王《いちじょうきょうおう》をこの華にたとへり。抑《そもそも》仏の世《よ》にすぐれさせたまへるをも、法《ほう》のたへなるをも是《これ》にたとへんは、実《げ》にさるべきことなりかし。然《しかる》に観無量寿経には、若念仏者是人中分陀利華《にゃくねんぶっしゃぜにんちゅうふんだりけ》と説きたまひしは、いともかしこきことになん。

分陀利華（白蓮華）の美しいさまと、この白蓮華を仏や仏法のすぐれていることに喩え、さらに、『観無量寿経』で念仏者に喩えられていることはたいへん尊いことである、と格調高い美しい文章で述べておられるのです。

【メモ】

『観無量寿経』＝浄土三部経《じょうどさんぶきょう》（『無量寿経《むりょうじゅきょう》』『観無量寿経』『阿弥陀経《あみだきょう》』）の一つ。古代インドのマガダ国で起きた王舎城《おうしゃじょう》の悲劇をもとに極楽往生《ごくらくおうじょう》のための実践道が説かれている。王妃イダイケ（韋提希）夫人《ぶにん》が、わが子のアジャセ（阿闍世）太子からひどい仕打ちを受け宮殿の牢獄に幽閉されたとき、彼女の救いを求める声に応じてお釈迦さまが牢獄に来られてイダイケに説法され、阿弥陀如来の極楽浄土《じょうど》への往生を勧め、究極的に称名《しょうみょう》念仏による極楽往生の道を説かれた経典。

蓮華（ハスの花）＝花の色と香りが美しく、また泥のなかに生えて清浄な花を開かせるところから、インドにおいて古来珍重され、仏教でも尊ばれてきた。とくに白蓮華は、煩悩に汚染されない清浄無垢の花として仏や法性《ほっしょう》に喩えられる。

●人中の白蓮華……●妙好人

「妙好人」という言葉は、先に述べた善導大師の『観経疏』「散善義」の通流分に出てきます。五種の嘉誉《かよ》（ほめたたえる語）を示して念仏者の徳を讃えられた文章です。

三にはもしよく相続《そうぞく》して念仏するものは、この人はなはだ希有《けう》なりとなす、さらに物《もの》としてもつてこれを方《なら》ぶべきなし。ゆゑに分陀利《ふんだり》を引きて喩《たと》へとなすことを明《あ》かす。

「分陀利《ふんだり》」といふは、人中《にんちゅう》の好華《こうけ》と名《な》づけ、また希有華《けうけ》と名づけ、また人中《にんちゅう》の上上華《じょうじょうけ》と名づけ、また人中の妙好華《みょうこうけ》と名づく。この華相伝《はなそうでん》して蔡華《さいけ》と名づくるこれなり。もし念仏するものは、すなはちこれ人中の好人《こうにん》なり、人中の妙好人《みょうこうにん》なり、人中の上上人《じょうじょうにん》なり、人中の希有人《けうにん》なり、人中の最勝人《さいしょうにん》なり。四にはもつぱら弥陀《みだ》の名《みな》を念ずるものは、すなはち観音《かんのん》・勢至《せいし》つねに随《したが》ひて影護《ようご》したまふこと、また親友知識《しんぬちしき》（善知《ぜんち》識《しき》）のごとくなることを明かす。五には今生《こんじょう》にすでにこの益《やく》を蒙《こうむ》りて、捨命《しゃみょう》してすなはち諸仏《しょぶつ》の家（阿弥陀仏の浄土）に入ることを明かす。すなはち浄土これなり。

念仏者は、煩悩《ぼんのう》をもちながら尊い仏さまの功徳《くどく》をいただいている方であり、泥池に咲く清らかな白蓮華のように尊い人といわれるのです。その人はこの世で、観音・勢至の二菩《ぼ》薩《さつ》が影の形に添うように離れず護《まも》ってくださり、親友《しんぬ》（お釈迦さまが「親しい友」と呼ばれる人）・善知識《ぜんちしき》（よき導きの師）となってくださる、と説かれているのです。

親鸞さまも、そのような念仏者の徳を讃えて、『正像末和讃《しょうぞうまつわさん》』に、

他力《たりき》の信心うるひとを
うやまひおほきによろこべば

すなはちわが親友《しんぬ》ぞと
教主世尊《きょうしゅせそん》はほめたまふ

と詠《よ》んでおられます。

さらに、門弟への『御消息《ごしょうそく》』（お手紙）には、

この信心の人を真の仏弟子といへり。この人を正念《しょうねん》に住《じゅう》する人とす。この人は、摂取《せっしゅ》して捨てたまはざれば、金剛心《こんごうしん》をえたる人と申すなり。この人を上上人《じょうじょうにん》とも、好人《こうにん》とも、妙好人《みょうこうにん》とも、最勝人《さいしょうにん》とも、希有人《けうにん》とも申すなり。この人は正定聚《しょうじょうじゅ》の位《くらい》に定《さだ》まれるなりとしるべし。しかれば、弥勒仏《みろくぶつ》とひとしき人とのたまへり。これは真実信心をえたるゆゑに、かならず真実の報土《ほうど》に往生《おうじょう》するなりとしるべし。

（このご信心を得た人を真の仏弟子というのです。この人を正しい心念に住する人とするのです。この人は、如来さまが抱きとって、けっしてお捨てにならないので、金剛のようにかたいご信心を得た人、と申します。この人を、上上の人とも、好ましい人とも、妙好の人とも、もっとも勝れた人とも、希有の人とも申すのです。この人は、正定聚〔まさしく成仏することに決定した人たちの仲間〕の位に定まった人であると知るべきです。ですから、「次の生で仏になる」の意味で弥勒仏〔菩薩〕とひとしい人といわれるのです。これは真実のご信心を得ているから、かならず真実のお浄土に往生するのだ、と知ってください。）

と記しておられます。

親鸞さまはこのように、如来の本願を信じ念仏する人、まさしく往生《おうじょう》成仏《じょうぶつ》することに定まった正定聚の人を「人中の分陀利華（＝白蓮華）」「上上人」「妙好人」「最勝人」「希有人」と讃え、「次の生《しょう》で仏になる」の意味で「弥勒とおなじ」（「便同《べんどう》弥勒」「次如《しにょ》弥勒」）とも、「諸仏とひとし」「如来とひとし」（『御消息』）ともいわれました。

また『浄土和讃』の「勢至讃《せいしさん》」では、

染香人《ぜんこうにん》のその身《み》には
香気《こうけ》あるがごとくなり
これをすなはちなづけてぞ
香光荘厳《こうこうしょうごん》とまうすなる

と詠んでおられます。

右の和讃の「染香人」には「かうばしき香《か》、身《み》に染めるがごとしといふ」と、親鸞さまが注記（左訓《さくん》）をほどこしておられます。仏の光（智慧）の香りに染まった人のことで、念仏の行者・妙好人を意味しています。また、「香光荘厳」には「念仏は智慧なり」と注記されています。阿弥陀如来の智慧の光明に照らされて、念仏者・妙好人の人生が智慧の香りで荘厳される、美しく飾られるといわれるのです。

＊　＊　＊

「妙好人」とは、世間的な地位や学識、倫理的・道徳的な人格性からそう呼ばれたのではなく、如来さまから与えられた真実の信心を得た人にそなわる宗教的徳性からそのように呼ばれたのです。すなわち、「安楽土《あんらくど》（浄土）にいたれば、自然《じねん》に、ただちに法性《ほっしょう》の常楽《じょうらく》（仏のさとり）を証《しょう》する人」です。『教行信証』の「信巻」に説かれる「現生正定聚《げんしょうしょうじょうじゅ》」（この世において、まさしく往生成仏することに定まった人びとの仲間）の人です。その人を、親鸞さまは「真の仏弟子」「釈迦諸仏の弟子」「信心の行者」「金剛心の行人《ぎょうにん》」「必定《ひつじょう》の菩薩」といわれています。身はこの世にありながら、「心はすでにつねに浄土に居《こ》す」人なのです。

また、自力でそれぞれきびしい菩薩道・仏道を歩む菩薩には多くの位階（五十二位）がありますが、他力の信心をいただいた念仏の行者である妙好人には、そうした位階の区別はありません。浄土に至れば必ず平等に仏のさとりを得るのです。ともに阿弥陀さまのおさとり華《はな》（名号《みょうごう》）によって同一のご信心をいただいて、お念仏するからです。

なぜなら、天親菩薩《てんじん》が『浄土論』で「如来浄華《じょうけ》の衆《しゅう》は、正覚《しょうがく》の華《はな》より化生《けしょう》す」と詠まれ、曇鸞《どんらん》大師はこの偈を『浄土論註』で解釈して、「同一《どういつ》に念仏して別の道なきがゆゑに。遠く通ずるに、それ四海《しかい》（全世界）のうちみな兄弟とするなり。眷属《けんぞく》無量なり」と記されたように、阿弥陀さまの正覚《おさとり》の華（衆生《しゅじょう》の煩悩の泥池に咲いて、泥に染まらず、泥池を美しく荘厳浄化する蓮華）である名号のはたらきによって、念仏するすべての人は同様に真実信心がめぐまれ、分けへだてなく如来回向《えこう》のお念仏の道を歩むからです。

また、信心の行者・妙好人には、この世で十種のご利益《りやく》がめぐまれるといわれます。「現生十種《げんしょうじっしゅ》の益《やく》」といわれています。『教行信証』「信巻末」の本願成就文《ほんがんじょうじゅもん》の「即得往生《そくとくおうじょう》」を解釈されるところに「金剛《こんごう》の真心《しんしん》を獲得《ぎゃくとく》すれば、横《おう》に五趣八難《ごしゅはちなん》の道《どう》を超《こ》へ、かならず現生《げんしょう》に十種《じっしゅ》の益《やく》を獲《う》」として、次のように記されています。

一、冥衆護持《みょうしゅごじ》の益《やく》（われわれの眼には見えない聖衆《しょうしゅう》や善神《ぜんしん》から護《まも》られる利益《りやく》）
二、至徳具足《しとくぐそく》の益（この上もない尊い徳が身にそなわる利益）
三、転悪成善《てんあくじょうぜん》の益（悪を転じて善となす利益）
四、諸仏護念《しょぶつごねん》の益（諸仏から護られ念じられる利益）
五、諸仏称讃《しょぶつしょうさん》の益（諸仏から称讃される利益）
六、心光常護《しんこうじょうご》の益（阿弥陀如来の光明〔智慧〕に照らされ、常に護られる利益）

七、心多歓喜《しんたかんぎ》の益（心によろこびが多い利益）
八、知恩報徳《ちおんほうとく》の益（如来のご恩を知って、その徳に報いる利益）
九、常行大悲《じょうぎょうだいひ》の益（常に如来の大悲を人びとに伝える利益）
十、入正定聚《にゅうしょうじょうじゅ》の益（まさしく仏になることに定まった人びとの仲間に入る利益）

がそれです。

妙好人は煩悩を抱えた身ではありますが、如来さまの真実の御心《みこころ》・大慈悲心に抱かれ、すべての衆生を自分の一人子のように憐れむ境地「一子地《いっしじ》」にいたった諸仏如来から、わが一人子として護念され、その救いを喜ぶなかから、わが身のあさましさを慚愧《ざんぎ》しつつ、すべての人びとに如来の真実に出会ってほしい、目覚めてほしいとの願いをもって、あらゆる人びとに差別なくおみのりを伝えていく人たちです。世の安穏《あんのん》と仏法弘通《ぶっぽうぐづう》を願う人なのです。

第二章

『妙好人伝』について

●『妙好人伝』のはじまり……●江戸時代

江戸時代の中期から後期にかけて、世の人びとの模範とするために、篤信者《とくしんしゃ》の言行や伝記を集録した『妙好人伝』の編集が行われました（それ以前は、平安・鎌倉そして江戸期を通して、阿弥陀仏の浄土に往生した人びとの伝記を集めた「往生伝」が作られていました）。

最初の『妙好人伝』を編集したのは、江戸中期の本願寺派の学僧であった仰誓《ごうせい》（享保六年〈一七二一〉—寛政六年〈一七九四〉）という人です。

仰誓さんは、京都の西六条の明覚寺《めいかくじ》に生まれ、のちに伊賀上野の明覚寺《めいかくじ》に移り、さらに四十三歳のとき、西本願寺の法如門主《ほうにょもんしゅ》（第十七代）の命《めい》で石見《いわみ》（島根県）の浄泉寺（邑智郡瑞穂町市木）に移られ、そこで学寮をつくって多くの僧侶を教育されました。石州《せきしゅう》学派の祖といわれます。たいへんまじめな人柄で門弟の生活態度を律し「真宗律《しんしゅうりつ》」ともいわれた人です。

その仰誓さんが伊賀上野の明覚寺におられた若いころ、大和《やまと》（奈良県）吉野の鉾立村《ほこたてむら》に清九郎《せいくろう》というありがたい念仏者がおられました。文字の読み書きもできない貧しい人でしたが、親孝行で正直で勤勉で信心深い人でした。人びとからたいへん慕《した》われ親しまれていたそうです。清九郎さんは寛延三年（一七五〇）に七十二歳でご往生をとげられましたが、生前、仰誓さんはぜひ清九郎さんに会いたいと思い、遠く吉野の里まで訪ねて行かれます。寛延二年（一七四九）のことでした。一度も訪ねて話を聞かれていますが、お母さんの妙《みょう》誓《せい》さんや僧俗《そうぞく》二十数人を連れて出会わせておられます。

そのときの感動を仰誓さんは、「世の人びとは吉野の里に桜を見ようとはるばるやってくるが、私はここで信心の花盛りを眺めることができた。まことに不可思議の因縁であり、なんと有難いことか」（『妙好人伝』初篇「和州清九郎」）と記しています。仰誓さんはのちに清九郎さんの言行を記し、さらに篤信者《とくしんしゃ》の話を集めて十話で『親聞《しんもん》妙好人伝』を編集されました。原本は伝わっていませんが、写本が五本あり、京都大学付属図書館、龍谷大学図書館、島根県の瑞泉寺・浄泉寺、広島県の浄謙寺に各一本が伝わっています（朝枝善照著『続妙好人伝基礎研究』参照、永田文昌堂、平成十年）。

その後、仰誓さんは明和元年（一七六四）、石見の浄泉寺に移られてからも篤信者の言行を集め、『妙好人伝』（第一・第二）を編集されました。「第一」には『親聞妙好人伝』と同じ十話が収められ、「第二」には新たに集録された二十六話が収められています。計三十六話です。原本は伝わっていませんが、仰誓さんが住持した浄泉寺の学寮「無成館」に学んだ伊予《いよ》（愛媛県）の克譲《こくじょう》というお坊さんによって書写されました。現在、松山市の愛媛県立図書館伊予史談会文庫に収蔵されています。

江戸末期になって、本願寺派の僧純《そうじゅん》（寛政三年〈一七九一〉―明治五年〈一八七二〉）というお坊さんが『妙好人伝』（全五篇）を編集して刊行されました。

僧純さんは越後《えちご》（新潟県）の生まれで、のちに美濃《みの》（岐阜県）の専精寺《せんしょうじ》（不破郡垂井町）の住職となられましたが、西本願寺の広如《こうにょ》門主（第二十代）に仕え、本山の財政再建や大谷本廟の石橋（円通橋）の架設、角坊《すみのぼう》別院の再建など、本願寺の中枢で活躍された人です。人びとに篤信者の言行を伝え、信心獲得《ぎゃくとく》してほしいと願って、篤信者の話を集め『妙好人伝』を刊行されたのでしょう。「初篇」は天保十三年（一八四二）に刊行されましたが、これは仰誓さんが編集された『妙好人伝』をもとに再編されたものです。「第二篇」以下は僧純さんご自身が編集されました。

さらに、松前《まつまえ》（北海道）の真宗大谷派専念寺（松前郡松前町唐津）の僧であった象王《ぞうおう》（生没年不詳）という人が、京都に出てから『続妙好人伝』を編集刊行されました。初版は嘉永五年（一八五二）に出され、七年後の安政六年（一八五九）には改訂補刻版を出されています。これが、僧純さんの『妙好人伝』（五篇）のあとに「続篇」として加えられ、全六篇、各篇上下、計十二冊でワンセットとして刊行されました。以後、何度も刊行されています。

僧純・象王さんの『妙好人伝』（全六篇）に収められている話は、全部で一五〇話です。一五〇人の話が収められているのですが、話のなかに併説されている人を含めると一五八人となります。それらの人のなかには、僧侶や武士（なかには藩家老も）が含まれていますが、その多くは江戸時代の百姓、町人のほか、さまざまな仕事についていた人びとであり、なかには封建社会のなかで賤視され差別されていた遊女、非人・乞食と呼ばれていた人たち、また子どもの話も収められています。女性も多く載せられています。「九州の千代《ちよ》」や「摂州《せっしゅう》のさよ」「長州《ちょうしゅう》のお軽《かる》」などです。『妙好人伝』に載せられた人のほとんどは、本伝が編集されたときにはすでに亡くなっていましたが、「長州のお軽」さんはまだ存命でした。

＊　＊　＊

江戸時代の『妙好人伝』には、親孝行、正直、勤勉、倹約、質素、従順などの生活倫理が見られます。諸種の「往生伝」や儒教の典籍、石門心学《せきもんしんがく》の『鳩翁道話《きゅうおうどうわ》』から採った道徳の話もあります。また、本山崇敬・門主崇拝や信心正因・称名報恩、神祇不拝、転悪成善の話が見られますが、神秘的な霊夢・霊験譚《れいげんたん》や怪奇譚もかなり見えます。幕府の法令に従い、年貢《ねんぐ》も進んで納めるよう勧める話もあり、「体制順応ではないか」「社会の進展になんら寄与していないではないか」などと批判もされていますが、全般的には、他力のご信心を得て、どんな苦しみのなかにも如来さまのお慈悲を喜び、お念仏申しつつ人生を心豊かに歩まれた人たちの話が中心です。

●盛んにつくられた『妙好人伝』……●明治以降

近代・明治以降にも多くの人びとの手で『妙好人伝』が編集刊行されました。若原観幢《わかはらかんどう》の『真宗明治妙好人伝』、平松理英《ひらまつりえい》の『教海美譚』、浜口恵璋《はまぐちえしょう》の『新妙好人伝』、富士川游《ふじかわゆう》の『新選妙好人伝』、藤永清徹《ふじながしょうてつ》の『大正新選新妙好人伝』、藤秀璻《ふじしゅうすい》の『新選妙好人列伝』などです。各編者は、医学者の富士川游を除いて、東西両本願寺派の僧侶の方がたです。

明治以降の『妙好人伝』には、近世・江戸時代の『妙好人伝』に見られる親孝行、正直、勤勉、倹約、質素のほか、国家や社会に尽くす話が多くなります。貧民救済や災害救助、慈善活動の話も多く見られます。なかには日清・日露戦争への従軍の話も見えます。とくに明治に入って本願寺教団が説いた「真俗二諦論《しんぞくにたいろん》」、すなわち内心には他力の信心（真諦《しんたい》）をたもち、外の行為は国家の法令や世間の倫理道徳（俗諦《ぞくたい》）に従う話が多くなります。編者が時代や社会の影響を受けていたことは否定できません。

また、ご門徒の篤信者が編集された『妙好人伝』も出版されます。鈴木大拙《すずきだいせつ》氏や柳宗悦《やなぎむねよし》氏らによって高く評価された、松前・箱館の柳沢徳太郎が編集した『庄松《しょうま》ありのままの記』（明治十四年）、和泉《いずみ》（大阪府）の片山亀吉が編集した『信者吉兵衛言行録』（興教書院、昭和二年）、丹波《たんば》の三田源七《さんだげんしち》の聞法《もんぽう》を聞き書きした宇野最勝・竹田順道編『信者めぐり』（興教書院、大正十一年。大八木興文堂、昭和二十四年復刊）などです。いずれも、世俗の権力や権威にとらわれない自由でいきいきした妙好人たちのご信心や言行が記されています。

＊　＊　＊

今日でも、大和の清九郎さん、讃岐《さぬき》の谷口庄松さん、石見の浅原才市《さいち》さん、小川仲造《なかぞう》さん、因幡《いなば》の足利源左《げんざ》さんなど多くの篤信者が「妙好人さん」と呼ばれ、人びとから慕われ親しまれています（源左さんや仲造さんは、とくに「行為で妙好さを示した信者」と評されています）。

これらの人たちは、一般の生活者ですが、そうした人たちがしばしば知的な面からでは到達できない宗教への深い理解を示しているのです。なかには真宗の一部の学者から「非常識」とか「奇人・変人」と批判された人（讃岐の庄松さんなど）もいますが、妙好人たちは世間の物差しではなく、仏法の物差しによって行動されているように思われます。戦後間もなく、鈴木大拙氏や柳宗悦氏らによって、そうした妙好人の言動が「真の宗教心の極致を示すもの」「仏教が日々の生活を離れていないことを示している」として世界に紹介されたことは周知のとおりです。

●「妙好人」と呼ばれる人たち……●法味愛楽

「妙好人」と呼ばれる人は、自分では「妙好人ではない」といわれます。因幡の源左さんは「あなたを妙好人伝に載せたい」といわれたとき、「自分は煩悩具足の身だから、死ぬまで何をするかわからないから載せないで欲しい」（柳宗悦編『妙好人因幡の源左』百華苑）と断っていますし、榎本栄一さんも後に記すように「非妙好人」という詩で、「自分は妙好人とはほど遠い」と告白しています。

妙好人の多くは、人生の苦しみや悲しみを信心において乗り越え、お念仏申しつつ感謝報恩の生活を送っています。正直で、勤勉で、親孝行で、人には温かく接し、いたわりを見せています。対立や争いを好まず、お互いに敬愛しあう態度に貫かれています。如来さまの大悲《だいひ》の御心《みこころ》に触れて元の悪心をひるがえし、善に立ちかえった人も多くいます。人間だけではなく、牛や馬や魚や虫などすべての生きものにも「如来さまの願いが、お慈悲がかけられている、十方衆生《じっぽうしゅじょう》のなかの同じいのちなのだ」との思いから、なるべくいのちを取らぬよう、傷つけないようこころがけるという人もいます。自分ひとりの我欲を満たす生き方ではなく、人びとはもちろん、動物や自然との共生、すべてのものとの「いのちのつながり」を大切にしておられるのです。

「自分は罪悪生死《ざいあくしょうじ》の凡夫《ぼんぶ》である」「あさましい身である」との慚愧《ざんぎ》の心と、いま如来の大悲のなかに生かされている、諸仏如来の一人子として護《まも》られているという感謝の思いがお念仏となって、また世《よ》の安穏《あんのん》と仏法の弘通《ぐづう》を願う生活として表れ出ています。知識や理性で教えを自分流に解釈して「わかった」と納得するのではなく、つねに謙虚に心をひらいて聞法を続け、おみのりを喜ぶ「法味愛楽《ほうみあいぎょう》」の生活を続けた人たちです。その姿が自然に人びとにおみのりを伝えていくのでしょう。

妙好人たちの心や言動は、現代に生きる私たちが、感謝や慈愛や「共に生きる、生かされている」と感じる心を失って、お互いに争い、憎しみ、傷つけあっているなかで、また、欲望を肥大させ自然環境を破壊しつつあるなかで、人間として一番大切なもの「いのち」の尊さを、あらためて教えてくださっているように思うのです。

第三章

「妙好人」の詩《うた》（１）

摂州さよの信心の歌

長州お軽の信心の歌

●摂州おさよさんと長州お軽さん……●御同行

「摂州《せっしゅう》さよの信心の歌」は、僧純《そうじゅん》編『妙好人伝』第四篇（安政三年〈一八五六〉、美濃垂井《みのたるい》・中山園専精寺《せんしょうじ》蔵版本）の巻上に収められています。「長州《ちょうしゅう》お軽《かる》の信心の歌」は、『同』第三篇（弘化四年〈一八四七〉、同版本）の巻上に収められています。

長門六連島《ながとむつれじま》（山口県下関市六連島）のお軽（大森かる）さん（享和元年〈一八〇一〉―安政三年〈一八五六〉）は、現在でも「おかる同行《どうぎょう》」といわれて多くの人びとから親しまれています。

長門のお軽さんについては、手次寺《てつぎでら》の六連島西教寺の前住職・西村真詮師が編集された『妙好人おかるさん』（西教寺内六光会、昭和六一年改編、平成六年）や大洲彰然著『お軽同行物語』（百華苑、昭和三十年）、石田法雄著『妙好人おかるの歌　英訳 *Myokonin O-karu and Her Poems of Shinjin. by Hoyu Ishida.*』（永田文昌堂、平成三年）、安藤敦子著『妙好人お軽――六連島の灯――』（法藏館、平成三年）などがあり、資料も残されていて、かなり多くの人びとに知られています。

研究論文としては、児玉識《こだましき》著「近世妙好人の再検討――六連島西教寺蔵『お軽法悦歌』の分析を通して――」〈近世仏教研究会編『近世仏教〈史料と研究〉』第七巻合併号、昭和六十三年一月〉があり、お軽さんの他の歌も含めて彼女の信心の内容が述べられています。「おも荷背負《にせお》ふて山坂《やまさか》すれど　ご恩おもへば苦にならず」の歌は広く知られています。

しかし、長門のお軽さんに比べて摂州のおさよさんのことは、あまり知られていないようです。おさよさんについては、ほとんど資料が見つからず、「摂州さよの信心の歌」の前書きに、「摂津国有馬郡山口村井筒屋七左衛門娘おさよ領解《りょうげ》おだまき」とあるのと、跋文《ばつぶん》のほかに知る手がかりがありません。現在もいろいろと調査をしていますが、まだわかりません。しかし、おさよさんが、真剣に仏法を求められた方で、歌の素養が十分にそなわっていた女性であったことだけは確かです。

おさよさんの歌を読むと、ご信心の肝心なところが見事に表現されていることに驚かされます。しかも、この歌が詠《よ》まれたのは、「歌」の跋文から見て、西本願寺の第十四代門主・寂如上人《じゃくにょしょうにん》〈慶安四年〈一六五一〉―享保十年〈一七二五〉〉の時代です。彼女が二十五歳のときに寂如上人から帰敬式《ききょうしき》を受け、法名《ほうみょう》・知専《ちせん》を授かり、三十二歳で往生を遂げたことが跋文に記されています。お軽さんの歌（三十五歳、天保六年〈一八三五〉）より百年ほど前に詠まれたと思われます。

●摂州さよの信心の歌……●領解の歌

「摂州さよの歌」については、僧純編『妙好人伝』に収められている歌と、その元歌と推測される池上博士《いけがみひろし》編『池上家文書《もんじょ》』（私版、平成十三年）に収められている歌を上下に対照させて掲げます。『妙好人伝』に収められている歌はかなり省略され、また、言葉が改変されている箇所が見えます。僧純さんが手を加えられたのではないでしょうか。

【メモ】

『池上家文書』＝その原本（写本）は、京都市在住の池上博士氏の手元に保管されているが、その歌の末尾に「于時文化十五年寅ノ五月三日　作陽兼新定」と筆書きされている。文化十五年（文政元年）は一八一八年にあたる。僧純編『妙好人伝』第四篇が刊行されたのは安政三年（一八五六）なので、それより三十八年も前に書写されていたことになる。この写本は、平成十二年（二〇〇〇）四月二十九日に池上氏が、郷里の岡山県津山市川崎の同氏旧宅の仏壇のなかから発見されたもので、虫食いなどで傷みのはげしい和綴じの筆写本である。

【摂州さよの信心の歌】

《池上家文書》写本
（筆者注：濁音が適当と思われるものは改めている）

〈表紙〉
摂津国有馬郡山口村
井筒屋七左衛門娘おさよ
了解おだまき
並奥書□々御法□□

〈前文〉
摂《せつ》津国有馬《ありま》郡山口村井筒《いづつ》屋
七左衛門娘おさよ領解《りようげ》お
だまき

〈信心の歌〉
一《いち》ねんに　我往生のさだまりて
嬉敷《うれしき》まゝに　こしかたの

《僧純編『妙好人伝』第四篇巻上》
美濃垂井専精寺蔵版本

〈表紙〉
摂州《せつしう》さよ女

〈前文〉
摂《つ》津《の》国《くに》有《あり》馬《ま》郡《こほり》山口村七左衛門の姉《あね》さよ女
領解《りやうげ》ひらけし時《とき》の懺悔《さんげ》のこゝろを

〈信心の歌〉
一念《いちねん》に　わが往生の　さだまりて
嬉《うれ》しきまゝに　こしかたの

ほども久しき　阿弥陀仏の
かゝるちかいを　しら雲《くも》の
余所《よそ》に迷《まよい》し　身の上の
浅間《あさま》しかりし　いにしゑを
心光摂護《しんこうせいご》の　ひかりにて
今あきらかに　ながむれば
くらき心の　かなしさは
みだの御《み》ぐわんの　ありとだに
しらぬむかしは　是非《ぜひ》もなし
いつより聞《きけ》ば　そだつらん
知識《ちしき》のおしへ　かずかずを
しだいしだいに　耳なれて
能聞《よくきき》がほの　ありさまは
たのめたすけん　おちかひと
聞よりこゝろ　やすくなる

程《ほじ》も久しき　弥陀仏《みだぶつ》の
かゝる御慈悲《おじひ》を　しらくもの
よそに迷《まよ》ひし　身《み》のうへの
浅《あさ》ましかりし　いにしへを
心光照護《しんくわうせうご》の　ひかりにて
いまあきらかに　ながむれば
くらき心の　かなしさは……
知識《ちしき》のをしへ　かずかずに
次第《しだい》しだいに　耳《み、》なれて
よく聞《き、》がほの　風情《ふぜい》にて
たのめ救《すく》ふの　御ちかひと
はや聞《きく》よりも……

只《ただ》かるがると　くちにい丶
こころに一度《いちど》　おもふとき
はや御《お》たすけと　こなたから
往生《おうじやう》すまし　この上は
うきよのわざの　ひまひまに
申念仏《ねんぶつ》は　御報謝《ごほうしや》と
此一大事の　御法《みのり》をば
たれにといたる　こともなく
只《ただ》おりおりの　御くわんけを
おしうつぶいて　き丶すまし
心ひとつに　がてんして
これぞまことの　しんじんと
かためおきたる　こ丶ろねは
自力機精《じりききせい》の　はからひて
うれしや　我《われ》はしんを得《ゑ》て

こなたから
往生すまし　この上の
浮世《うきよ》のわざの　ひまひまに
まうす念佛は　御報謝《ごほうしや》と
この一大事《だいじ》の　御法《みのり》をば
たれに問《とひ》たる　事《こと》もなく
心ひとつに　がてんして
心まかせに　身《み》を持《もち》て
懈怠《けだい》を恥《はづ》る　心なく

次の生《しやう》には　極楽へ
むまるるみにぞ　さだまると
ときどきおもひ　くらせしを
増上《ぞうじやう》まんと　しらずして
御《ご》ほうしや顔《がを》に　よろこびて
人をまよわし　うやまわれ
我《われ》ありがほに　すぎぬるを
此《こ》たびまれに　あひがたき
真《しん》のちしきに　もふあいて
今あやまりを　あらためて
みればなかなか　はづかしや
如来しやう人　ぜんちしき
能《よく》御存知の　今までと
おもへばおもへば　めんぼくも
なき身のほどゝ　くいくやみ

増上《ぞうじやう》まんと　しらずして
心得《え》がほに
過《すぎ》ぬるを
此たびまれに　あひがたき
真《しん》の知識《ちしき》に　まふあひて
今あやまりを　あらためて
みればなかなか　恥《はづ》かしや
如来聖人《しやうにん》　善智識《ぜんちしき》
よく御《ご》ぞんじの　いままでと
おもへばおもへば

扨《さて》今までの　御冥慮《ごみやうりよ》の
かすめしとがの　ふかき社《こそ》
五ぎやく十悪《あく》　かさなりて
身《み》は無有出離《むうしつり》　しゐんぞと
みかぎりつめて　なげきしに
いか計《ばか》りなる　御慈《じ》悲にや
しゆくぜんの時　いたらしめ
たゞ一ねんに　御たすけの
身にこたへつゝ　嬉しさの
くわんぎはむねに　みちあまり
ほころび出《いで》て　ありがたや
たふとやとのみ　いわれつゝ
となふるにくれし　ありさまは
籠《かご》を出《いで》たる　もろ鳥の
雲井《くもい》にかける　こゝちして

御冥見《みやうけん》を
かすめし咎《とが》の　ふかきこそ
五逆十悪《ごぎやくじふあく》　おもかりし
出離《しゆつり》の縁《えん》の　なき身《み》ぞと
みかぎりつめて　なげきしに
いかばかりなる　御慈悲《じひ》にや
宿善《しくぜん》ときの　いたらしめ
ただ一念に　御たすけと
身《み》にこたへつる　ありさまは
かごを出《いで》たる　もろ鳥《とり》の
雲《くも》ゐにかける　心地《こゝち》して

しばし前後《ぜんご》も　わきまへず
されども　信《しん》の御威徳《ごいとく》に
御おんのほどの　身にそひて
立居わすれぬ　御報謝《ごほうしゃ》の
念《ねん》にひかれて　おのづから
心しづかに　おちつきて
ただこうだいの　御慈悲を
あをぎ敬《うやもふ》　その中に
むかしを思ひ　くらぶれば
いいし言葉《ことば》も　ちがいなく
おしへもかわり　なけれども
此身《このみ》になりて　聞ときは
さても大きに　格別《かくべつ》の
自力の三じん　ひるがへし
利他しんじん　うるときは

しばし前後《ぜんご》も　わきまへず
されど信心《しんじむ》の　御威《ゐ》とくで
こゝろしづかに　おちつかれ
たゞ雨山《あめやま》の　御恩《おん》ぞと
仰《あふ》ぎうやまふ　その中《うち》に
むかしを思《おも》ひ　くらぶれば
いひし言葉《ことば》も　ちがひなく
教《をしへ》もかはり　なけれども
此身《このみ》になりて　きく時《とき》は
さても大きに　かくべつの
自力《じりき》の三心　ひるがへし
利他《りた》の信楽《しんげう》　えしむれば

やすしと聞し　おうじやうも
まさにしられて　よろこばれ
かたしと聞し　しんじんの
得《ゑ》がたかりしも　ことはりや
ぐわんにそうおう　せざるゆへ
思《おも》ひしられて　今の身に
仏《ぶつ》ちふしぎも　とふとまれ
ふかくたのめと　仰《おうせ》なる
其言《こと》の葉《は》も　自力《じりき》では
はかりしられぬ　みだぶつの
もとのおちかい　あらわれて
帰命《きみやう》の念《ねん》と　しられたり
心まかせに　身を持て
けだひをかくし　同行の
前をつくろふ　こゝろねと

やすしと聞し　信心《しんじむ》の
得《え》がたかりしも　ことはりや
願《ぐわん》に相応《そうやう》　せしことの
おもひしられて　有《あり》がたや

今は仏智《ぶっち》の　御めうけん
扨《さて》はづかしや　くやしやと
心のそこに　かなしまれ
早く同行　知識《ちしき》にも
をふて此事《このこと》　あらわして
あらためたしと　おもふから
同行ちしきの　親近《しんごん》も
ふかくなり行　しんじんの
いと廣大《こうだい》　不思議《ふしぎ》なり
むかしも　御恩廣大《ごおんこうだい》と
おもひしかども　さすがけに
御報謝《ごほうしゃ》がほの　こゝろにて
われとけだいを　しらずして
今はまことに　身に受て
まさに毒蛇《どくじゃ》の　口《くち》のがれ

はやく同行　知識《ちしき》にも
あふて此こと　あらはして
あらためたしと　おもふうち
同行知識《どうぎやうちしき》の　親近《しんごん》も
深《ふか》くなりゆき　如来《みほとけ》の
恩徳廣大《おんとくくわうだい》　不思議《ふしぎ》なり
むかしも御恩　報謝《ほうしゃ》ぞと
思《おも》ひしかども　なま中に
御報謝《ほうしゃ》かほの　こゝろにて
懈怠《けだい》をかくし　同行の
前《まへ》をつくらふ　心根《こころね》を
今《いま》は誠《まこと》に　身《み》にうけて

たすけられたる　おもかげの
ひしと御おんを　かうむりて
その廣大《こうだい》の　御厚恩《ごこうおん》
海《うみ》とも山とも　たとふべき
かたもなければ　身の程《ほど》も
ただ浅間《あさま》しき　おろかさの
くらべられつゝ　朝夕《あさゆふ》に
能身《よくみ》の程《ほど》も　しらるゝに
つけてくわんぎも　いやましに
ひまなき身には　成《なり》にけり
かかる御恩《ごおん》を　うけながら
しらで過ぎぬる　身の上を
ながめかねつつ　御開山《ごかいさん》
代々相承《そうじやう》　善知識《ぜんちしき》
よゝにしらしめ　たもふまで

まさに毒蛇《どくじや》の　口《くち》のがれ
助《たす》けられたる　心持《ここち》して
御名《みな》を称《とな》へて　報謝《ほうしや》せん
……

かゝる御恩《ごおん》を　うけながら
しらで過《すぎ》ぬる　この身《み》をば
ながめ兼《かね》つゝ　御開山《ごかいさん》
代々《よゝ》相承《さうじやう》の　善知識《ぜんちしき》
……

それともしらで　過《すぎ》し身の
しんのちしきの　身にちかく
そのことわりを　とらしめて
おしへまします　事なくば
又も迷《まよ》わん　ゆくすへと
おもへばいとゞ　身をこにし
骨を粉《こ》にして　あきたらぬ
思ひは日々に　ふかくなる
これも摂取《せつしゆ》の　ゆへなれば
只不可思議《ただふかしぎ》の　御慈悲《おんじひ》と
前後左右《ぜんごごゆふ》も　打《うち》わすれ
身のよろこびを　しづがおだまき
南無阿弥陀仏

〈跋文〉
此安心書《あんじんしょ》は七左衛門娘おさよ

そのことはりを　取《とら》しめて
教《をしへ》まします　事《こと》なくば
又もまよはん　ゆくすゑを
おもへばいとゞ　身を粉《こ》にし
骨《ほね》をくだきて　あきたらぬ
思ひは日々《ひゞ》に　ふかくなり
これも摂取《せつしゆ》の　ゆへなれば
只不可思議《たゞふかしぎ》の　御慈悲《じひ》ぞと
賤《しづ》がおだ巻《まき》　くりかへし
南無阿弥陀仏　〳〵

〈跋文〉
右《みぎ》の女性《によしやう》は歌道《かどう》もこゝろがけ

十四歳より歌道《かどう》を心かけたり
家まづしからずして
栄花《ゑいくわ》に暮《くら》せし人なりけるが
しゆくぜんふかくや有りけん
伊丹《いたみ》の何がしといふ徳人《とくにん》へ
縁付《ゑんつき》男子二人なり　しかるに
後世《ごせ》の心ふかし　夫《おつと》とは御法《ごほう》も
しまぬ心にて　おもひの侭《まま》
勤《つとめ》はこびもならざれば　廿五
歳にして　是非《ぜひ》にいとまを
うけ早速尼《あま》となり　御本寺様
西六条寂《じやく》如上人より　法名《ほうめう》を
知専《ちせん》と被下三十二歳にて
往生《おうじやう》を遂《とげ》しとなり

栄耀《ゑいえう》にも暮《くら》せし人《ひと》なりしが
宿善《しくぜん》あつくして法味《ほふみ》を甘《あまん》じこの長歌《ながうた》を
綴《つゞ》り侍りしとなん
此人《このひと》十六歳にして伊丹《いたみ》の何某《なにがし》へ嫁《か》しづき
男子《なんし》女人までありしかども　夫《をつと》の法義《ほふぎ》
にうすきゆへ　寺道場《てらだうじやう》へ参詣《さんけい》する事
も心《こころ》にまかせがたく　依《よて》廿五歳にして
夫にいとまをこひうけ尼《あま》に成　法名を
智専《ちせん》とたまはり　思《おも》ひのまゝに聴聞《ちやうもん》し
て歓喜《くわんぎ》の色《いろ》をまし　三十二歳にて目出《めで》
度往生遂《たくわうじやうとげ》られしとぞ

右の歌の内容は、他力の信心に関するものです。さよさんのご信心の深まりが、慚愧《ざんぎ》と歓喜《かんぎ》のうちに詠まれています。今まで自分は、もうご信心を得たのだ、次の生には極楽へ生まれることが定まったのだと思い込み、われあり顔に過ごしていたのを、善知識《ぜんちしき》に会って、それが増上慢《ぞうじょうまん》（まださとりを得ていないのに、得たと思って高ぶること）と知らされ、いま自力のとらわれから解き放たれて、広大なお慈悲のなかに生かされている「いのち」の喜びが歌われています。とくに、

自力《じりき》の三《さん》じん　ひるがへし　利他《りた》のしんじん　うるときは
やすしと聞《きき》し　おうじやうも　まさにしられて　よろこばれ
かたしと聞し　しんじんの　得《ゑ》がたかりしも　ことはりや
ぐわんにそうおう　せざるゆへ　思《おも》ひしられて　今の身に
仏《ぶつ》ちふしぎも　とふとまれ　ふかくたのめと　仰《おうせ》なる
其言《そのこと》の葉《は》も　自力《じりき》では　はかりしられぬ　みだぶつの
もとのおちかい　あらわれて　帰命《きみやう》の念《ねん》と　しられたり

の箇所は、絶対他力の信心を強調するものでしょう。

また、歌の末尾の「おもへばいとゞ　身をこ（粉）にし　骨を粉《こ》にして（くだきて）あきたらぬ」には、親鸞さまの「恩徳讃《おんどくさん》」（『正像末和讃』）の、

如来大悲《にょらいだいひ》の恩徳《おんどく》は
身《み》を粉《こ》にしても報《ほう》ずべし
師主《ししゅ》知識の恩徳も
ほねをくだきても謝《しゃ》すべし

訳／如来さまの大悲の恩徳は、
身を粉にしても報いましょう。
釈尊や浄土の祖師がたの恩徳も、
骨を砕いても報謝しましょう。

と同意趣の報恩の思いが詠まれています。

なお、この歌の「自力《じりき》の三心《さんじん》」とは、『観無量寿経《かんむりょうじゅきょう》』の上品上生のところに説かれる顕説の「至誠心《しじょうしん》・深心《じんしん》・回向発願心《えこうほつがんしん》」の自力の「三心」であり、自ら真実の心（至誠心）をもって深く信じ（深心）、それをさし向けて浄土への往生を願う心（回向発願心）です。

「利他《りた》の信心」とは、阿弥陀さまから衆生に与えられる真実の「信楽《しんぎょう》」（大信心《だいしんじん》）、如来回向の真実信心であり、「金剛の真心《しんしん》」ともいわれます。親鸞さまは『浄土和讃』の「観《かん》経讃《ぎょうさん》」の終わりに、

定散諸機各別《じょうさんしょきかくべつ》の
自力《じりき》の三心《さんしん》ひるがえし
如来利他《にょらいりた》の信心《しんじん》に
通入《つうにゅう》せんとねがふべし

訳／定善（心を集中して行う善行）・散善（散乱心で行う善行）といった、人によってそれぞれに異なる自力の三心を捨てて、如来さまから与えられる他力の信心に入ろうと願いなさい。

と詠んでおられます。また、『歎異抄』の第三条には、
自力作善《じりきさぜん》（自力で往生しようと願う）のひとは、ひとへに他力《たりき》をたのむこころかけたるあひだ（欠けているので）、弥陀《みだ》の本願《ほんがん》にあらず。しかれども、自力《じりき》のこころをひるがへして、他力をたのみたてまつれば、真実報土《しんじつほうど》の往生《おうじょう》をとぐるなり。
と記され、「他力をたのみたてまつる悪人」こそ「往生の正因《しょういん》である」と述べられています。

●長州お軽の信心の歌……●歓び歌

次に、『妙好人伝』第三篇巻上に収められている「長州お軽の歌」を記します。なお、先述の西村真詮編『妙好人おかるさん』に収められている歌は、漢字が少し違っていますが歌は同じです。

長州於軽

長門国《ながとのくに》六連嶋《むつれじま》のおかる三十五才のときの歓《よろこ》び歌《うた》

きいてみなんせ　まことの道《みち》を　無理《むり》な教《をしへ》じや　なひはいな
真《まこと》きくのが　おまへはいやか　なにがのぞみで　あるぞいな
自力励《はげ》んで　まことはきかで　現世《げんぜ》いのりに　身《み》をやつす
思案《しあん》めされや　命《いのち》のうちに　いのちをはれば　あとしあん
領解《りやうげ》すんだる　その上からは　外《ほか》の思案《しあん》は　ないわいな
只《ただ》でゆかるる　身を持《もち》ながら　おのが分別《ふんべつ》　いろいろに
己《おの》が分別　さつぱりやめて　弥陀《みだ》の思案に　まかさんせ
わしがこころは　荒木《あらき》の松よ　つやのないのを　御目当《おめあて》よ
きのふきくのも　今日《けふ》またきくも　是非《ぜひ》にこいとの　御《お》よび声《ごえ》
おも荷背負《にせお》ふて　山坂すれど　御恩おもへば　苦《く》にならず
高《たか》ひ山から　御寺をみれば　御恩たふとや　宝山《たからやま》
宝山《たからやま》には　足手《あして》をはこぶ　むなしがへりを　せぬがよひ
まこと真実《しんじち》　おやさまなれば　なにの遠慮《えんりよ》が　あるかいな

おもふてみなんせ　喜《よろこ》ぶまひか　丸《まる》のはだかを　仕立《したて》どり
どんざきるとも　御《お》いはれきけば　きぬや小袖《こそで》を　きたこゝろ
狂人《きちがひ》ばゞと　いはれし私《わし》も　やがて浄土の　花よめに

天保六年辰の秋筑前国《ちくぜんのくに》の仙涯《せんがい》和尚
この女の歌をみて随喜のあまりによめる
信をえし人の喜《よろこ》ぶ言の葉はかなにあらはす経陀羅尼《きやうだらに》なり

お軽さんの歌も、自力のはからいをやめて、阿弥陀さまのはたらきにおまかせするところに恵まれる安らぎと喜びを詠んだものです。

お軽さんが生まれたのは享和元年（一八〇一）ですので、この歌が三十五歳のときの歌とすれば、詠まれた年は天保六年（一八三五）となります。僧純さんが『妙好人伝』初篇を刊行した天保十三年（一八四二）の七年前です。この歌が、弘化四年（一八四七）に刊行された『妙好人伝』第二篇の巻上の最後に収められたのです。当時彼女は四十七歳で存命中でした。

＊　　＊　　＊

西村真詮編『妙好人おかるさん』には、お軽さんの歌が多く収められていますが、そのなかからご信心に関する歌をいくつか掲げておきます。

こうも聞えにゃ

こうも聞《きこ》えにゃ聞《き》かぬがましよ　聞かにゃ苦労はすまいもの
聞かにゃ苦労はすまいといえど　聞かにゃおちるし聞きゃ苦労
今《いま》の苦労《くろう》は先《さき》での楽《らく》と　気《き》やすめいえど気はすまぬ
すまぬ心《こころ》をすましにかゝりゃ　雑修自力《ざっしゅじりき》とすてらるゝ
すてて出かけりゃなお気がすまぬ　思《おも》えば有念《うねん》　思わにゃ無念《むねん》
どこに御慈悲《おじひ》があるのやら　どうで他力《たりき》になれぬ身《み》は
自力《じりき》さらばとひまをやり　わたしが胸《むね》とは手《て》たたきで
たった一声《ひとこえ》聞《き》いて見《み》りゃ　この一声が千人力《せんにんりき》
四《し》の五《ご》の云《い》うたは昔《むかし》のことよ　じゃとて地獄《じごく》は恐《おそ》ろしや
なんにも云わぬがこっちのねうち　そのまま來《こ》いよのお勅命《ちょくめい》

いかなおかるも頭《あたま》がさがる　連《つ》れて行こうぞ連れられましょぞと
往生《おうじょう》は　投《な》げたく

（西村真詮編『妙好人おかるさん』）

他力の信心をいただくまでのお軽さんの苦しい心境と、いまは他力のご信心をいただいて、如来さまの大悲《だいひ》に身をゆだねた安堵《あんど》と喜びが歌われています。

また、ある年、北海道のアジ船が大シケにあい、船が潮に流され、ようやく六連島《むつれじま》に漂着した漁師たちが、お軽さんの家で食事などでもてなされ、囲炉裏《いろり》を囲んでお軽さんの話を聞いたとき、お軽さんは次のような歌を詠んだといわれます。

私しゃ自在鍵《じざいかぎ》　阿弥陀さま　こざる
落としゃなさらぬ　火の中に

（『同右』）

「自在鍵（鉤《かぎ》）」とは天井から吊り下げる鉤《かぎ》のことです。その鉤に鍋をかけて囲炉裏の火で煮炊《にた》きします。「こざる」とは「小猿鉤《こざるかぎ》」のことで、自在鉤を上げ下げして火加減を調節する道具のことです。お軽さんは、自分を自在鉤に見立て、阿弥陀さまの本願力を小猿鉤に見立てて、自分を燃えさかる煩悩の火の中に落とさない如来さまの本願力を喜んだのです。

お軽さんはたいへん勝気な女性だったようです。結婚しますが、婿《むこ》にむかえた夫・幸七さんの浮気で嫉妬の炎に身を焦《こ》がし、海に身を投げたくなるような苦しみを味わいます。しかし、それがご縁で聞法《もんぽう》に励むようになり、西教寺第八代住職の現道師や坊守《ぼうもり》の松野さんのご教化《きょうけ》にあって（『西教祇園精舎録』参照）、ついにはまことのご信心を得て仏恩報謝《ぶっとんほうしゃ》のお念仏の生活に入り、やがて夫も改心して夫婦ともども聞法に励んだといわれます。

「落としゃなさらぬ　火の中に」の歌は、お軽さん自身の体験から生まれたものと思われます。苦しみ悩みのなかにある自分を、如来さまのお慈悲はしっかりと抱きしめてくださっているという喜びを、悲嘆のどん底にある漁師たちに語ることで、如来さまのお慈悲を伝えようとしたのではないでしょうか。この歌が、冷え切った漁師たちの心をどんなにか温めたことでしょう。

幸七・お軽夫婦には六人（男三人・女三人）の子どもがありましたが、お軽さんは、その子どもたちにも歌を送り、おみのりを伝えようとしています。他家へ奉公に出た三男の亀吉さんへ送った歌、嫁《か》した長女ミチさんとやりとりした歌が『妙好人おかるさん』に収められています。

お軽さんは、連歌《れんが》を現道師の弟・超道師から、短歌を次男の大龍師から学んだといわれています。弘化二年（一八四五）に西本願寺の広如門主（第二十代）から帰敬式を受け、法名・釈尼教真をいただいています。安政三年（一八五六）一月十六日に五十六歳で往生をとげています。僧純さんが『妙好人伝』第四篇を刊行された年でした。なお、平成十七年（二〇〇五）は、お軽さんの百五十回忌にあたります。

*　*　*

おさよさん、お軽さんのようなお同行《どうぎょう》さんたちが詠まれたご信心の歓《よろこ》び歌が、人びとへの伝道に大きな役割を演じたことでしょう。

その後、時を経て、「野《や》の宗教詩人」といわれた島根県温泉津《ゆのつ》町の浅原《あさはら》才市《さいち》さんや、山口県長門市仙崎の童謡詩人・金子《かねこ》みすゞさん、「下町の妙好人」といわれた東大阪市の榎本栄一《えのもとえいいち》さん、生活綴り方教育などを実践された教育者・東井義雄《とういよしお》さんなど多くの方がたが、「いのち」の尊さと喜びを詩《うた》に詠んでおられます。

第四章
「妙好人」の詩《うた》（2）

浅原才市さんの詩

金子みすゞさんの詩

榎本栄一さんの詩

東井義雄さんの詩

浅原才市さんの詩《うた》

●親が死ぬればよいと……●法縁と聞法

浅原才市《あさはらさいち》さんは数多くのご信心の詩《うた》を残しました。どのようにしてそれらの詩は生まれたのでしょうか。

才市さんは、嘉永三年（一八五〇）に島根県邑智郡《おおちぐん》桜江町小田村（現、小田）の母の生家で生まれ、昭和七年（一九三二）に同県邇摩郡温泉津《ゆのつ》町小浜の自宅で八十三歳で亡くなっています。

才市さんのお父さんは加島屋（鍛冶前）要四郎といい、六歳で両親を亡くし、当時、温泉津町井田井尻にあった浅原家の師匠寺《ししょうじ》（菩提寺《ぼだいじ》）の浄土真宗本願寺派涅槃寺《ねはんじ》（昭和四十九年に現在の島根県江津市後地町に移転）に小僧として入っています。利発だったといわれています。西教《さいきょう》という法名《ほうみょう》をもらい、以後、明治二十七年（一八九四）に八十二歳で亡くなるまで涅槃寺つきの一僧侶（衆徒《しゅと》）として生涯を送りました。涅槃寺の住職四代に仕え、遠近各地に点在する村々のご門徒さんの家々にお参りし、お説教をし、ときには住職の代役を勤めるなど、涅槃寺にとって重要な人だったようです。村の子どもたちからも「西教さん、西教さん」と呼ばれてたいへん慕われたそうです。実直で温かいお人柄だったのでしょう。

お母さんの名はトメといい、涅槃寺から三里ほどのところにある小田村の農家の娘さんでした。西教さんが法事に行って知り合い、親しくなったのではないかといわれています。しかし、江戸時代の封建身分差別社会にあって正式な結婚はできなかったようです。才市さんを生んだものの、乳離れのころから養育したのは父・西教の従妹《いとこ》にあたる原田屋のスギという未婚の女性（当時二十六歳）でした。スギさんはやさしい人柄で、才市さんをわが子のように大切に育てたといわれています。当時の世間のならわしで、才市さんは十一歳から父・西教の母の実家である小浜の大家屋（姓は元道《こんどう》）に船大工として奉公に出ています。才市さんが十五歳になるのを待ってスギさんは他家に嫁《とつ》ぎました。

しかし、両親に養育されなかった淋しさを、少年時代の才市さんは親のせいだと思って恨んだのではないでしょうか。「ゆうも　ゆわんもなく　親が死ぬればよいと　思いました。なして　わしが親は　死なんで　あろうかと　思いました」、「この悪業《あくごう》　大罪人がいまゝで　よこれで（よくも）　こんにちまで　大地が　さけんこをに（裂けずに）　をりましたこと」と若いころの深刻な思いを告白しています。勝手に自分を生んでおいて養育を放棄した非道の人間と思ったのでしょう。しかし、その苦《にが》い思いが尊いご縁となったのです。才市さんはのちに、

あさましや
さいちゃ　十悪《じゅうあく》
さいちゃ　五逆《ごぎゃく》　人殺す
これを　親（如来）にとられて
南無阿弥陀仏と　変えてもろうたよ。

（高木雪雄著『才市同行――才市の生涯と周縁の人々』永田文昌堂）

と詠《よ》んでいます。他力のご信心をいただいて恵まれる転悪成善《てんあくじょうぜん》の益《やく》（現生十種《げんしょうじっしゅ》の益《やく》の第三）

を詠んだのでしょう。

実母のトメさんは、慶応四年（一八六八）一月二十日、才市さんが十九歳のときに亡くなっています。その前年、トメさんが死の床についたとき、十八歳の才市さんを枕元に呼んで、心ならずも自分の手で育てられなかったことを詫び、「お寺参りして仏法を聴聞《ちょうもん》し、お念仏をよろこぶ人になっておくれ」と哀願したといわれます。これがわが子・才市さんへの遺言でした。「親の遺言　南無阿弥陀仏」と才市さんはいっています。お母さんもご信心を喜ぶ、ありがたい人だったのです。お母さんも西教さんのご教化《きょうけ》をいただいておられたのではないでしょうか。

母の遺言にしたがって、才市さんの聞法《もんぼう》は始まりました。のちに、「お寺参りを始めたのは十八歳のころから」といっています。明治七年（一八七四）、二十五歳で竹内セツさん（当時、二十四歳）と結婚。明治十二年、三十歳のとき博多に出稼ぎに行き、船大工屋に就職しました。これは当時の石見《いわみ》地方の出稼ぎ事情でもありますが、父・西教さんの勧めで、学徳高い博多祇園町の万行寺の住職・七里《しちり》恒順《ごうじゅん》師（天保六年〈一八三五〉―明治三十三年〈一九〇〇〉）の教化を受けるためだったといわれます。以後、師が亡くなるまで寸暇を惜しんで万行寺に参詣し、ひたむきに聞法しています。船大工屋の親方も信心深い人で、ご法座には才市さんとよく一緒にお参りしたそうです。才市さんは、実直聡明で大工としての技もすぐれていたので、のちに大工頭《だいくがしら》になっています。

七里師は、明治九年（一八七六）に「要籍会《ようせきかい》」という聞法の会をつくられました。会は毎月十日と二十五日の二回開かれ、各地より教化を願う人たちが集まって自分の領解《りょうげ》を述べ、不審な点を尋ねて教えを受けるという集《つど》いでした。才市さんも自分の領解を熱心に語り、質問したのでしょう。しかし、三十一歳のとき、七里師から半紙大の紙に書いた次のような詩をもらっています。博多に出た翌年の明治十二年のことです。

三十一まで　なにが
　えろうなった
こざるのやうな
　ちゑばかり
こざるのやうな
　はからひやめて
南無阿弥陀佛《ブ》を

いふばかり

（高木雪雄著『才市同行――才市の生涯と周縁の人々』永田文昌堂）

慢心をいさめる痛棒《つうぼう》ともいえる師のお諭《さと》しでした。その後、才市さんの聴き方は、自分の頭（理知）で信心を得ようとするはからい心を捨てて、ひたすら如来さまの大悲《だいひ》の喚《よ》び声を聴くようになったそうです。それは才市さんにとって大きな転換でしたが、才市さんが長年真剣に仏法を求め続けた過程も大切でしょう。

才市さんは、「疑い取られた」よろこびを、

才市は　浄土に参るに
何が証拠か　出してみよ。
出そう　出そう
疑い取られた。これが証拠
これが証拠

（『同右』）

と詠んでいます。如来さまの仰《おお》せを疑いなく仰せのままに聞き入れるとき、まことの世界、ご本願の世界にめざめるのです。しかし自我意識のかたまりである私たち、邪見憍慢《じゃけんきょうまん》の

私たちがご本願を聞きひらくことはたいへん難しいことを、親鸞さまは「正信偈《しょうしんげ》」で、

弥陀仏《みだぶつ》の本願念仏《ほんがんねんぶつ》は、邪見憍慢《じゃけんきょうまん》の悪衆生《あくしゅじょう》、信楽受持《しんぎょうじゅじ》すること、はなはだもつて難《かた》し。難《なん》のなかの難《なん》これに過ぎたるはなし（原漢文）

と詠んでおられます。自力心・疑心が離れがたいのです。

才市さんは、七里師からいただいた詩の紙を、父の形見の袈裟《けさ》とともに生涯大切に保管しました。涅槃寺のご住職をされた高木雪雄師が書かれた『才市同行――才市の生涯と周縁の人々』（永田文昌堂、平成三年）にその実物写真が載っています。才市さんが詩のおわりにしばしば「なむあみだぶつ」と書いたのも、七里師の教えによるものではないでしょうか。なお、才市さんは明治十五年（一八八二）、三十三歳のとき西本願寺で帰敬式《ききょうしき》を受け、法名・釈秀素《しゅうそ》をいただいています。

明治四十年（一九〇七）、老年期を迎えた五十八歳の才市さんは博多を離れ、妻子の待つ故郷の温泉津町小浜に帰ります。翌年、浅原履物商店を開き、下駄《げた》造りにはげみながら、近くの安楽寺住職の梅田謙敬師（大正二年に中国の撫順《ぶじゅん》本願寺開教使を辞して帰坊）の教化を受けました。そして、大正二年（一九一三）六十四歳から昭和七年（一九三二）八十三歳で亡くなるまでの約二十年間に、多くのご信心の詩《うた》をノートに書きつけました。

【メモ】

右の浅原才市の生涯についての記述は、私が『妙好人伝の研究』（法藏館、平成十五年）の執筆を開始した平成七年（一九九五）以来ご教示いただいた、元・西本願寺ハワイ開教区開教使で才市の師匠寺（菩提寺）涅槃寺の住職・高木雪雄師の『才市同行――才市の生涯と周縁の人々』と、才市と親交があった寺本慧達《てらもとえたつ》師が昭和二十七年（一九五二）に出版された『浅原才市翁を語る』（長円寺私版、平成十六年再版）や寺本師と親交のあった川上清吉氏が昭和三十二年（一九五七）に出版された『才市さんとその歌』（百華苑）では、才市の両親、とくに母親の記述に相違が見られる。

●慚愧歓喜のなむあみだぶつ……●紡ぎだされた詩

才市さんの数多くの詩は、突然詠まれたものではありません。長年聴聞《ちょうもん》をかさねて獲得《ぎゃくとく》した他力のご信心から紡《つむ》ぎだされたものです。その機縁《きえん》になったのは、親の才市さんにかけた深い思いでした。そしてそれらの詩は寺本慧達、藤秀璻《ふじしゅうすい》、鈴木大拙《すずきだいせつ》、楠恭《くすのききょう》らの諸氏によって世に紹介されました。とくに鈴木大拙氏は、その著『日本的霊性』（大東出版社、昭和十九年）や『妙好人』（大谷出版社、昭和二十四年）で、才市さんを「日本的霊性を代表する一人」として取り上げ、ハワイでの東西哲学者会議やコロンビア大学での講義で世界に紹介しました。

才市さんの詩は七～八千首以上、または一万首近くあったのではないかと推定されています。ハワイの本派本願寺ヒロ別院輪番《りんばん》、ヒロ中学・高等女学校校長や東京の千代田女学園の理事長兼校長をされた寺本慧達師（明治二十九年〈一八九六〉―昭和三十年〈一九五五〉）は島根県邑智郡石見町（現、巴南町中野）の長円寺第十九代住職でした。師の五十回忌にあたる平成十六年（二〇〇四）に、長円寺の現住職・寺本堯憲師によって寺本慧達著『浅原才市翁を語る』が法要記念として再刊されました。

同書によると、才市さんがよくお参りした温泉津町小浜の安楽寺住職・梅田謙敬師は、寺本慧達師の叔父（お父さんの弟）にあたります。寺本師が学生だった十九歳のとき（大正三年九月）、安楽寺で当時六十六歳の才市さんとの最初の出会いがあり、以後、才市さんと何度も会って話をされています。寺本師がハワイに開教使として行かれることになり、昭和七年（一九三二）一月五日に才市さんに別れを告げるため安楽寺に行き、そこで才市さんに会った際、懇願して七十冊近いノートを譲り受けました。才市さんは同年一月十七日、八十三歳で亡くなります。そして寺本師が受け取ったノートのうち東京に置いてあった三十数冊が、昭和二十年五月二十五日の空襲で焼失したのです。
しかし、残りのノート三十四冊ほどの詩が楠恭氏の手で整理され、鈴木大拙編著『妙好人浅原才市集』（春秋社、昭和四十二年）や楠恭編『定本・妙好人才市の歌』（法藏館、昭和六十三年）として刊行され、その後多くの研究者や宗教家が才市さんについて執筆しています。それらのなかからいくつかの詩を掲げておきます。

才市は今日をよろこべ　今日をよろこべ
今をよろこべ　今をよろこべ
なむあみだぶつ　なむあみだぶつ。

（楠恭・金光寿郎共著『妙好人の世界』法藏館）

才市や何がおもしろい
迷いの浮世がおもしろい
法をよろこぶ種となる
なむあみだぶの花ざかり。

（鈴木大拙編著『妙好人浅原才市集』春秋社）

ええな
世界、虚空が皆ほとけ
わしもそのなか、なむあみだぶつ。
（『同右』）

慚愧歓喜《ざんぎかんぎ》のふたつの宝
もろていただく　なむあみだぶつ。
（楠恭編『定本・妙好人才市の歌』法蔵館）

泥凡夫《どろぼんぶ》のあさましい罪業深重《ざいごうじんじゅう》のわが身が、如来さまのお慈悲のなかでいま生かされている、「いのち」の喜びが歌われています。

「往生」というのは、「捨此往彼蓮華化生《しゃしおうひれんげけしょう》」（法然《ほうねん》上人『漢語灯録《かんごとうろく》』巻六「往生要集大綱」）といわれます。この世は苦しみ迷いの娑婆《しゃば》世界であり、苦しみ迷いの世を捨てて、臨終一念《りんじゅういちねん》の夕《ゆう》べに彼土《ひど》・極楽浄土の蓮華の中に往生することと説かれています。真宗の教えでも、この世で、如来さまからさし回される他力のご信心をいただいて、まさしく往生成仏することに定まった身（現生正定聚《げんしょうしょうじょうじゅ》の位《くらい》・不退《ふたい》の位）となり、死後、浄土に往生して即座にさとりを得る（成仏する）、と説かれます。『歎異抄《たんにしょう》』には、「娑婆《しゃば》の縁尽《えんつ》きて、ちからなくしてをはるときに、かの土《ど》へはまゐるべきなり」と説かれています。

●生きてまいるお浄土さまよ……●恵まれたご信心

しかし、才市さんは、如来さまから真実のご信心をいただくと、いまこの世で如来さまの大悲にいだかれ、いのちに生かされ、極楽浄土を味わうことができるといっています。次のような詩を詠んでいます。

わたしや　しやわせ　死なずにまいる
生きさせて　まいる　浄土が
なむあみだぶつ

（梯實圓著『妙好人のことば』法藏館）

この詩について、梯實圓《かけはしじつえん》師は次のように評されています。

念仏の声がひびく世界が「死なずにまいる浄土」だというのです。それはわたしを包む大悲の世界です。念仏しているということは、阿弥陀仏の説法の法座につらなっているということでもあるわけで、親鸞聖人は、それを「大会衆《だいえしゅ》の数《かず》に入る」といわれています。大会衆とは、浄土の御法座のことであって、念仏者は、この世にありながら、浄土の法座につらなっているといわれるのです。

（『同　右』）

親鸞さまは「正信偈」で、

帰入功徳大宝海《きにゅうくどくだいほうかい》　必獲　入　大会衆数《ひつぎゃくにゅうだいえしゅしゅ》

――功徳大宝海《くどくだいほうかい》に帰入《きにゅう》すれば、かならず大会衆《だいえしゅ》の数《かず》に入《い》ることを獲《う》

と詠んでおられます。

お浄土で阿弥陀さまが説法される集会《しゅうえ》を広大会《こうだいえ》といい、その法会《ほうえ》に集まって法を聞く人たちを大会衆といいます。ご信心をいただいた人たちは、この世で「正定聚の数《かず》」（まさしく成仏に定まった人びとの仲間）に入り、阿弥陀さまの眷属《けんぞく》（一族・親族）になるといわれるのです。

また、才市さんは次のような詩を詠んでいます。

ありがたや

死んでまいる浄土じゃないよ
生きてまいるお浄土さまよ
なむあみだぶにつれられて
ごおんうれしやなむあみだぶつ。

（楠恭・金光寿郎共著『妙好人の世界』法藏館）

さいちがごくらく　どこにある。
心にみちて身にみちて
なむあみだぶが　わしのごくらく。

（鈴木大拙著『妙好人』法藏館）

さいちわどこにをる
浄土もろをて娑婆にをる
これがよろこび　なむあみだぶつ。

（鈴木大拙編著『妙好人浅原才市集』春秋社）

わたしや　臨終すんで　葬式すんで
みやこ（浄土）にこころ住ませてもろうて

なむあみだぶと浮世にをるよ。
（楠恭著『妙好人を語る』日本放送出版協会）

娑婆の浮世で極楽もろて　これがたのしみ　なむあみだぶつ。
（『同　右』）

わたしゃ浄土を先に見て
娑婆で申すなむあみだぶつ。
（『同　右』）

往生は今のこと
なむあみだぶつにて往生すること
なむあみだぶつ。
（『同　右』）

極楽は　遠い遠いと思えども
なむあみだぶつが弥陀の極楽。
（『同　右』）

才市さんは、如来さまからいただいた信心の智慧《ちえ》によって、いま浄土が感得されることを知らされた、というのです。それは、他力の信心をいただいて、この世で、まさしく浄土に往生して必ず仏になることに決定した現生正定聚《げんしょうしょうじょうじゅ》の心境を詠んだものでしょう。

●衆生済度は　弥陀の浄土で……●還相のはたらき

その一方で、才市さんは次のような詩も詠んでいます。

先の楽しみ　極楽さまで
今の楽しみ　なむあみだぶつ。

（鈴木大拙編著『妙好人浅原才市集』春秋社）

わしの父親　八十四歳　往生しました　お浄土さまに
わしの母親　八十三で　往生しました　お浄土さまに
わしも往きます　やがてのほどに　親子三人　もろともに
衆生済度の　身とはなる　ご恩うれしや　なむあみだぶつ。

（高木雪雄著『才市同行――才市の生涯と周縁の人々』永田文昌堂）

衆生済度は　今とはちがう
今は　凡夫で　娑婆世界
衆生済度は　弥陀の浄土で　するぞ
うれしや　なむあみだぶつ。
（『同右』）

如来さまから真実のご信心をいただくことで、ただちにこの世で正定聚の身とならせていただき、いのち終わって両親の待つお浄土に往生をとげ、仏のさとりを得て衆生済度《しゅじょうさいど》の身となることを喜んでいるのです。如来よりたまわる「還相《げんそう》」（浄土に往生して成仏し、迷いの世界に還って人びとを救う利他のはたらき）を詠んでいるのです。

お浄土（真実報土《しんじつほうど》）を親鸞さまは「無量光明土《むりょうこうみょうど》」といわれます。また、「阿弥陀如来は光明である、光明は智慧であり、智慧はひかりのかたちである」（『一念多念証文《いちねんたねんしょうもん》』）ともいわれます。形を超えたかたち・表現で示されています。才市さんは、如来さまの智慧の光明が、微塵《みじん》世界に満ち満ちていることを私に知らせてくださった「なむあみだぶつ」を喜んでいるのです。才市さんは、覚帳《おぼえちょう》に、「なむあみだぶのをんすがたわ、極楽あらわせて下さるをんすがたなり」と書いています。

こうした詩は、如来さまから与えられるまことのご信心において、如来のいのち、光明無量・寿命無量、すなわち限りない仏の智慧（光明）と広大無辺のお慈悲（寿命）のなかにいま生かされているという才市さんの信心体験から生まれたものでしょう。阿弥陀さまやお浄土を、ただ向こうに眺めて死後の浄土を想うのではなく、いま如来さまと自分が一体となる、仏心《ぶっしん》が凡心《ぼんしん》を取り入れて溶《と》かしこみ、凡心が仏心と一つになる「仏凡一体《ぶつぼんいったい》」の喜びが生まれるのです。

だいひのをやわ　よいをやよ
わしのこころと　ひとつになりて
よいもわるいも　あなたにもたれ。
（鈴木大拙著『妙好人』法藏館）

と、才市さんは詠んでいます。

●うたがいとられてはすのはな……●機法一体の喜び

しかし才市さんは、「自分はもうさとったんだ、仏になったんだ」とはいっていません。あさましい煩悩邪見《ぼんのうじゃけん》の泥凡夫であることを「あさましや」とたえず慚愧《ざんぎ》していますが、それも歓喜《かんぎ》「よろこび」と一つなのです。

ありがたやあさましや
法は歓喜で機は慚愧
慚愧歓喜のなむあみだぶつ。

（楠恭著『妙好人を語る』日本放送出版協会）

慚愧には歓喜のよろこびあり
歓喜には慚愧のあやまりあり
これがなむあみだぶつなり
これが才市がよろこび。

（『同　右』）

と詠んでいます。泥がそのまま輝きに変わるのです。

また、次のように詠んでいます。

こころ見て
あさましと思うはあとのこと
機法一体さきにでき
ごおんうれしや　なむあみだぶつ。

（楠恭・金光寿郎共著『妙好人の世界』法藏館）

「機法一体《きほういったい》」とは、蓮如上人が『御文章』で示された言葉で、私たちの信心（機）と、私たちを救う阿弥陀さまの救いのはたらき（法）は別ものではないということです。才市さんは、自分の心を見て「あさまし」と思うのは、他力のご信心をいただいたあとの「正定聚」のことだといっているのです。ご信心をぬきにした自らの理知による倫理的・道徳的な自己反省ではないのです。才市さんは、蓮如上人の『御文章』を日々読んでいました。

御文章さまは

わしの　灯火《あかり》に　なる　文章
ご恩うれしや　なむあみだぶつ。

（高木雪雄著『才市同行——才市の生涯と周縁の人々』永田文昌堂）

と詠んでいます。そして、次の詩を詠んでいます。

しんじつしんじんうるひとわ
うたがいとられてはすのはな
——真実信心うる人は　疑いとられて蓮の華——

（鈴木大拙編著『妙好人浅原才市集』春秋社）

親鸞さまが第十一願（必至滅度の願）に示される信心の得益を詠まれた和讃（『浄土和讃』「大経讃」）、

真実信心《しんじつしんじん》うるひとは
すなはち定聚《じょうじゅ》のかずにいる
不退《ふたい》のくらゐにいりぬれば

訳／真実のご信心をいただいた人は、ただちに正定聚の数に入るのです。
不退の位《くらい》（仏に必ずなるべき身に定まる位）に入るので、

かならず滅度《めつど》にいたらしむ　　必ず滅度（大涅槃《だいねはん》・仏のさとり）に至ることができるのです。

を簡潔に表現しているのです。凡夫の心に信心の華が咲いて、仏のさとりに至る身にしていただくのは、すべて阿弥陀さまの本願力《ほんがんりき》のはたらき、他力によるのです。

才市さんの師匠寺であった涅槃寺には、才市さんが日々読んだ蓮如上人の『御文章』とともに、大正八年（一九一九）に若林春暁画伯が描いた、才市さんが正座をして合掌する肖像画があります。以前は、温泉津町小浜の安楽寺に預けられていたものです。はじめて画を見た才市さんが「これは私じゃない」といって、額《ひたい》に二本の角《つの》を描いてほしいと頼み、鬼のように角が生えた画になっています。かつて親を恨み、その死さえ願った鬼の自分の姿を描きたかったのでしょう。肖像の上部には安楽寺住職・梅田謙敬師が大正九年三月に書かれた漢詩（画賛）が見えます。

有角者機　合掌者法　　角《つの》あるは機《き》なり　合掌《がっしょう》するは法《ほう》なり
法能摂機　柔軟三業　　法《ほう》よく機《き》を摂《せっ》す　柔軟《にゅうなん》なり三業《さんごう》
火車因滅　甘露心愜　　火車《かしゃ》の因滅《いんめつ》す　甘露《かんろ》心《こころ》に愜《あきた》る
未到終焉　華台迎接　　未《いま》だ終焉《しゅうえん》に到《いた》らずして　華台《けだい》迎接《げいしょう》す

額の角は煩悩をもった才市さんの姿だといっています。「合掌するは法なり」とは、如来さまの真実がそのような才市さんのうえに表れた姿だというのです。その法（如来さまのおはたらき）が、煩悩の人間（機《き》）を摂取《せっしゅ》して（抱きとって）くださるのです。才市さんは、

心も邪見《じゃけん》　身も邪慳《じゃけん》
角《つの》を生《は》やすが　これが　わたくし
あさましや　あさましや
なむあみだぶつ　なむあみだぶつ。

（高木雪雄著『才市同行――才市の生涯と周縁の人々』永田文昌堂）

あさましいの　邪見《じゃけん》の角《つの》が
生《は》えた　まんまで　親にとられて
なむあみだぶつ　なむあみだぶつ。

（『同　右』）

と詠んでいます。

「柔軟《にゅうなん》なり三業《さんごう》」とは人間の身《しん》（からだ）と口《く》（ことば）と意《い》（こころ）の三業（三つの行為）が柔軟になる、軟らかくなることで、「触光柔軟《そっこうにゅうなん》」（如来の光明に触れると身心がやわらかくなり、柔和忍辱《にゅうわにんにく》のこころが出てくる＝阿弥陀如来の四十八願のなかの第三十三願）のおはたらきによるのでしょう。才市さんは「わたしや　しやわせ」とよくいい、

才市　幸せ
妄念《もうねん》を　知らせて　もろうたよ
妄念は　喜びの種
嬶《かか》も妄念　才市も妄念
妄念に貰うたが　南無阿弥陀仏よ。

（高木雪雄著『才市同行――才市の生涯と周縁の人々』永田文昌堂）

とも詠んでいます。

「火車《かしゃ》」とは、悪業によって自身を地獄へ送るために自ら造る「火の車」のことです。そのような地獄行きの因《いん》がすでに滅した、なくなったといわれるのです。「甘露心《かんろこころ》にあき

たる」の「甘露」とは「甘い露《つゆ》」のことで、原語は古代インドのサンスクリット語のamṛta（アムリタ）で「阿弥哩多」と漢訳されています。「不死の霊薬《れいやく》」のことですが、法に喩えて「甘露の法」（『大経』）ともいわれます。また、『涅槃経《ねはんきょう》』には、「涅槃」を「甘露と名づく」と記されており、親鸞さまも『教行信証』「真仏土巻」に引用しておられます。ここでは阿弥陀さまのお名号・南無阿弥陀仏が心に満ちあふれているということでしょう。「未《いま》だ終焉《しゅうえん》に到《いた》らずして華台迎接《けだいげいしょう》す」とは、まだ臨終が来ていないただいまの人生にあって、すでに阿弥陀さまの大悲の蓮《はす》の台《うてな》に迎えとられている、如来の大悲に摂取されている、という意味です。

＊　＊　＊

才市さんは、ご信心の詩《うた》を詠むだけでなく、日々の生活そのものがお念仏の生活でした。仕事もご信心のはたらきであり、「仏恩報謝《ぶっとんほうしゃ》の行」といっています。明治三十七年（一九〇四）には、大日本仏教慈善会財団の会員になり毎年寄付をしています。各地の凶作飢饉や天災被害に何度もお見舞金を送っています。因幡の妙好人・足利源左さんや石見の妙好人・小川仲造さんらは、積極的な社会活動・慈善行為をし、柳宗悦氏・高下恵証氏らによって「行為で妙好さを示した」人と評されていますが、才市さんもそうした仏恩報謝の生活を送ったのです。

妙好人は「いのち」の喜びを、お念仏申しつつ、すべての人びとに分けへだてなく伝えたいと願っています。そうしたおみのりを伝えるはたらきを「常行大悲《じょうぎょうだいひ》（つねに大悲を行ずる）」「大悲弘普化《だいひぐふけ》（大悲弘《ひろ》くあまねく化す）」といい、そのはたらきこそが末法の世における「大乗の至極《だいじょうのしごく》」、真の大乗菩薩道《ぼさつどう》「誓願一仏乗《せいがんいちぶつじょう》」である、と親鸞さまはいわれるのです。また、そうしたはたらきを行う第十八願の行者・妙好人を「信心の行者」「金剛心の行人《ぎょうにん》」「真の仏弟子」「釈迦諸仏の弟子」と讃えられるのです。

金子みすゞさんの詩《うた》

●みんなちがつて、みんないい……●仏法の香り

「童謡詩人」と呼ばれる金子《かねこ》みすゞさんも「妙好人」として紹介されています。川西宏之氏は、「妙好人・心に響くことば・金子みすゞ」〈『大乗』第五十四巻第二号〈平成十五年二月〉、本願寺出版局内大乗刊行会〉で、次の詩を紹介されています。

私と小鳥と鈴と

私が両手をひろげても、
お空はちつとも飛べないが、
飛べる小鳥は私のやうに、
地面《ぢべた》を速《はや》くは走れない。

私がからだをゆすつても、
きれいな音は出ないけど、
あの鳴る鈴は私のやうに
たくさんな唄は知らないよ。

鈴と、小鳥と、それから私、
みんなちがつて、みんないい。

（『さみしい王女　新装版金子みすゞ全集・Ⅲ』ＪＵＬＡ出版局）

川西氏は、この詩について同誌に次のように評しておられます。

要するに、ちがいを「認める」という考え方は、ともすれば、ちがいを「認めてやる」という傲慢《ごうまん》さに結びついてしまう。この危険性を仏教では徹底して排除する。傲慢は仏道の障碍《しょうげ》だから。

みんなちがう、と認識するだけでは哲学と変わらない。みんないい、が加わることで仏教になると私は思う。みんないい、は、慈悲《じひ》の言葉だ。仏の慈悲に満ちた視線が感じられる。みんなちがう、は、智慧《ちえ》から出た言葉だ。慈悲と智慧が一体となっているから、「みんなちがって、みんないい」が、仏教の言葉として心に響くのだ。

金子みすゞの詩には、現実に向けられた冷静な視線といのちあるもの（音を発する鈴にもいのちの輝きが見られている）に対する慈しみのまなざしの両方が感じられる。みすゞさんは、人間はもとより動物や植物、さらには無機質な土にまで「いのち」を見ていとおしんでいます。次のような詩があります。

大《たい》　漁《れふ》

朝焼《あさやけ》小焼《こやけ》だ
大漁《たいれふ》だ
大羽鰮《おおばいわし》の
大漁《たいれふ》だ。

濱《はま》は祭《まつ》りの
やうだけど
海《うみ》のなかでは

何萬《なんまん》の
鰮《いわし》のとむらひ
するだらう。

　　桃の花びら
みじかい、みどりの
春の草、
桃がお花をやりました。

枯れてさみしい
竹の垣、
桃がお花をやりました。

しめつて黒い
畑《はた》の土、

（『美しい町　新装版金子みすゞ全集・Ⅰ』ＪＵＬＡ出版局）

桃がお花をやりました。

おてんとさまは
よろこんで、
花のたましひ呼びました。

(草のうへから、
畠から、
ゆらゆらのぼるかげろふよ。)

(『さみしい王女　新装版金子みすゞ全集・Ⅲ』ＪＵＬＡ出版局)

土と草

母さん知らぬ
草の子を、
なん千萬の
草の子を、

土はひとりで
育てます。

草があをあを
茂つたら、
土はかくれて
しまふのに。

土《つち》

こッつん　こッつん
打《ぶ》たれる土《つち》は
よい畠《はたけ》になつて
よい麥生《むぎう》むよ。

朝《あさ》から晩《ばん》まで

（『空のかあさま　新装版金子みすゞ全集・Ⅱ』ＪＵＬＡ出版局）

踏《ふ》まれる土《つち》は
よい路《みち》になつて
車《くるま》を通《とほ》すよ。

打《ぶ》たれぬ土《つち》は
踏《ふ》まれぬ土《つち》は
要《い》らない土《つち》か。

いえいえそれは
名《な》のない草《くさ》の
お宿《やど》をするよ。

（『同右』）

また、川西氏は同誌に次の詩も紹介されています。

さびしいとき

私がさびしいときに、
よその人は知らないの。

私がさびしいときに、
お友だちは笑ふの。

私がさびしいときに、
お母さんはやさしいの。

私がさびしいときに、
佛さまはさびしいの。

（『空のかあさま　新装版金子みすゞ全集・Ⅱ』ＪＵＬＡ出版局）

そして川西氏は、この詩について次のように記しています。

……日頃、理屈をこね回して生きている私は、時々この詩を読んで、仏や如来《にょらい》や本《ほん》願力《がんりき》といった言葉でなく、「ほとけさま」を思う。そうすると、「ほとけさま」のぬくもりが肌から胸の奥へじんわりと伝わってくる感じがする。

金子みすゞは祖母に連れられて寺参りをしていたという。幼少の頃から聞くともなく聞いていた仏法が香を焚《た》き染めるようにこころに染み込んでいったのだろう。金子みすゞの詩は抹香《まっこう》くさくはない。けれど、仏法《ぶっぽう》の香りが爽《さわ》やかに漂っている。

●私のお手々ひいてたは……●開かれたまなざし

みすゞさん（明治三十六年〈一九〇三〉―昭和五年〈一九三〇〉、二十六歳没）は、山口県大津郡仙崎村（現、長門市仙崎町）において、父・金子庄之助、母・ミチの長女として生まれました。本名はテルでした。幼少期から聡明だったといわれています。

お父さんは、明治三十九年（一九〇六）二月十日、彼女が三歳のとき、清国営口（現、中国遼寧省営口）で上山文英堂書店の支店長として赴任中、当時の反日感情のなかで三十一歳の若さで落命しています。お父さんのいないさびしい生活のなかで、祖母のウメさん、お母さん、兄・堅助さん、弟・正祐さんと身を寄せ合っての日々だったことでしょう。

金子家は長門市仙崎の浄土真宗本願寺派遍照寺のご門徒だったようです。児童文学者の矢崎節夫氏が昭和六十一年（一九八六）七月二十五日に実施された、みすゞさんの小学生時代の担任・大島ヒデ（当時、田中ヒデ）さんからの聴き取り調査によりますと、明治四十三年（一九一〇）から大正三年（一九一四）にかけての四、五年の間、金子家（金子文英堂書店）の二階で行われていた『歎異抄』などの講話会に、おばあさんやお母さんも参加してお話を聞いていたそうです。会は、浄土真宗本願寺派西福寺（山口県大津郡三隅町浅田）住職の和道實《やまとどうじつ》師を中心に有志五人（宮川義熈〈当時、瀬戸崎小学校教員〉・中谷治郎〈のちに仙崎小学校校長〉・横山繁雄〈のちに仙崎町長〉・大島ヒデ〈当時、瀬戸崎小学校教員〉）で行われていました。当時小学生だったテル（みすゞ）さんも、よく一緒に聞いていたそうです（矢崎節夫著『童謡詩人・金子みすゞの生涯』「大島ヒデ回想」参照、JULA出版局、平成五年）。彼女の小学校入学から卒業の時期にあたります。父のいないさびしい日ぐらしのなかで、聡明なみすゞさんが多感な少女期にこうしたご法話を聞いたことは、彼女の内面に大きな影響を与えたことでしょう。

講話をされた和道實師については、師のお孫さんにあたる西福寺現（第二十代）住職・和一道師と、一道師のお母上で前坊守の和伊津子さんにお尋ねして調べたところ、次のことが判明しました。

道實師は、西福寺の第十八代住職で、明治十八年（一八八五）に生まれ、昭和四年（一九二九）に四十四歳でご往生されています。みすゞさんが亡くなる昭和五年の前年に亡くなっているのです。師は、みすゞさんより十八歳ほど年上でした。金子文英堂書店の二階で『歎異抄』の講話をされていたときは二十五歳から三十歳の若いころだったと思われます。

現在、西福寺の境内には、金子文英堂書店で師のご法話を聞いていた人たちによって昭和三十五年（一九六〇）五月に建てられた和道實師の墓碑があります。自然石で造られた墓石の表には、西本願寺の要職を歴任された梅原真隆師の筆になる「不染　和道實先生墓」が刻まれ、その左下に「辱知真隆和南」の自署が見えます。また、墓石の右側面には、アメリカ開教使を務めたのち、同朋舎や自照会の設立と運営に尽力された足利浄圓師の筆になる道實師の歌「大いなるみ佛のみ名天地《あめつち》にひびきぞわたれとどろきわたれ」が刻まれています。道實師と梅原・足利両師との親交が偲ばれる碑文です。

師はまた、東洋大学の講師もされていたようです。師の著書『親鸞聖人をおもふ』（興教書院、大正六年）は金子文英堂書店で行われた勉強会の講録ではなかったかと思われます。また同『親鸞聖人の宗教』（同朋舎、大正十四年）には師の並々ならぬ親鸞聖人鑽仰への思いと、聖人のみ教えを世の人びとに伝えたいとの熱い願いが記されています。

また、大正十五年から昭和三年にかけて、毎月一回の発行で信仰雑誌「精神講話」（西福寺内、見真教社）を編集発行されています。

雑誌各号の末尾には、和師による「教社だより」が付せられています。そのなかに、師が山口高等女学校の高等科で『歎異抄』の講読を、高等学校で「正信偈」の講話をされていたことが記されています。また、「歎異抄の会」（毎月十一日夜）、「青年会講話」（毎月第四土曜夜）、「教行信証の会」（毎月十二日夜）、「仏教講話」（毎月十三日夜）や、自坊・西福寺での「例月法話」（毎月一日、十五日夜）、「定例講話（和讃）」（毎月二日、十六日朝）、「婦人会講話」（毎月二十五日夜）、「青年修養会」（毎月十八日より三日間夜）、「正信会講話（正信偈）」、「子供の会」とならんで、「仙崎町での信仰談話会・樹心会」（毎月二十二日夜）が記されています。この「樹心会」が金子文英堂書店での講話会の名ではなかったかと思うのです。

【メモ】

現存している信仰雑誌「精神講話」のなかから和師の論文を拾ってみますと次のとおりです。

「見真大師」（第二号、大正十五年十一月二十五日発行）、「読経といふこと」「心懐語」（第三号、同十二月二十五日）、「仏陀の降誕」（第四号、昭和二年四月二十五日）、「歎異抄管見」（第七号、同

七月二十五日)、「他力の救済(上)―歎異抄菅見(其三)」(第九号、同九月二十五日)、「他力の救済―歎異抄管見(其四)」(第十号、同十月二十五日)、「聞法の境地―歎異抄菅見(其五)」「流罪のこゝろ」「哲学者の話」(第十一号、同十一月二十五日)、「地獄一定といふこと」(第二年・第二号、昭和三年六月二十五日)などです。

右の「心懐語」という論文には、次のような一文が見えます。

おまへは今みほとけの光の中にすくはれて居るではないか。それに何故そのやうにぼんやりして居るのであるか。世の多くの同胞のかなしくも迷うてゐるさまを見て、おまへはなぜ義人として立たないのか。なぜ仏への奉仕に、しばしばめぐり来る格好の機会をつかむことをしないのか。おまへは今どこに居ると思ふか、如来の御光の中にではないか。おまへの生は何人のものと、思ふか。それは如来のものではないか。時は遷る、一刻の猶予もできない。受けたおまへの生命には限りがある、肉体は蝋燭のごとく燃えほろびつつある今にして、おまへはおまへのことを為さねば、天与の使命を果す機会は永久におまへを見捨てるであろう。

自らへのきびしい叱咤激励の言葉が述べられています。

また、「哲学者の話」には、師の西洋哲学への造詣の深さが窺われる文章が見られます。そのなかの一節に、人格尊重の精神や人間の共同生活に関する次のような文章があります。

人格の尊重とは、自己の人格を尊重すると共に他人の人格を尊重する事である。……他人の人格を尊重する事に由てのみ、始めて健全なる社会連帯の共同生活が営まれ得る事を牢記せねばならぬ。

また、和師の温かい人柄を偲ばせる次のような一文が、「精神講話」の第三号の末尾に付せられている「倶会一処」という読者欄のなかに見えます。下関の松浦あい子さんという一読者からの投稿文です。

先生、過ぐる十二日三日四日の不思議な御縁におあひしまして、真に先生の御人格に感じました。そしてほんとうにおなつかしくございました。父の愛を知りませぬ私には慈父さまであらせられました。今度の集まりで私はいよいよしっかりと、先生とそして聖人に結びつけられた様な心がいたします。……先生（は）四人の子と申されますが、実（は）四人ではございません。私たちも子供にして下さいませ。……人々はよく命がけの仕事と申しますが、先生は誠に命がけで我々の為におつくし下さる事を非常にうれしく又有難く存じます。かしこ。

師には、ご夫人のすみさんとの間に四人のお子さんがあり、経済的に豊かでなく、身体も強健ではなかったようですが、学識豊かで誠実で熱意あるお人柄だったことが偲ばれます。自分にむち打ちながら、懸命に如来さまのお慈悲を伝えられたのでしょう。

そうした師から、みすゞさんも大きな影響を受けたのではないでしょうか。心をこめてみ仏のお慈悲を伝える師のご法話が、多感な少女期のみすゞさんの心に、いつしか深くしみ込んでいったのではないかと思うのです。みすゞさんの詩に見られる「いのち」への深いまなざしは、師のご法話をとおして、彼女の心にしみ込んだ如来さまの大悲《だいひ》の御心《みこころ》によって開かれたのではないでしょうか。

みすゞさんの詩に「お坊さま」という詩があります。

お坊さま

小さい波が來てかへる、
入江の岸のみちでした。

私のお手々ひいてたは、
知らない旅のお坊さま。

なぜか、このごろおもふこと、
「お父さまではないか知ら。」

けれども遠いむかしです、
とてもかへらぬむかしです。

ざわざわ、蟹《かに》が言《は》つてゐた、
入江の岸のみちでした。

私のおかほみてゐたは、
たんぽぽ色のお月さま。

（『空のかあさま　新装版金子みすゞ全集・Ⅱ』ＪＵＬＡ出版局）

この詩の心象風景のなかの「お坊さま」は和道實師ではなかったかと想像するのです。三歳で父を亡くし、父の顔も記憶に定かでなかったであろうみすゞさんは、やさしく御仏《みほとけ》さまのお慈悲を説く若き師に、亡き父の面影を見ていたのではないでしょうか。「お父さまではないか知ら」と詠《よ》んでいます。遠い幼い日の記憶であっても、彼女にとってはかけがえのない想い出だったのではないでしょうか。

みすゞさんの詩は、和道實師という善知識《ぜんちしき》のご教化《きょうけ》をとおしていただかれた如来さまの

「いのち」の水源から流れ出ているように、私には思われます。

＊　＊　＊

みすゞさんは、大正十二年（一九二三）二十歳から作詞をはじめます。多くのすぐれた作品を発表し、西條八十氏から「若き童謡詩人の巨星」とまで称讃されながら二十六歳の若さで世を去りました。法名・釈妙春信女。お墓は遍照寺にあります。

没後その作品は不明になりましたが、矢崎節夫氏の努力で遺作（五一二編）が発見されました。みすゞさんは亡くなる前、三冊の詩集帖、『美しい町』（大正十二年―同十三年、一七二編）、『空のかあさま』（大正十三年―同十四年、一七八編）、『さみしい王女』（大正十五年―昭和三年、一六二編）を、弟の上山正祐（雅輔）さんに託していて、これが『金子みすゞ全集』として昭和五十九年（一九八四）に出版されたのです。彼女の生涯については、矢崎節夫著『童謡詩人・金子みすゞの生涯』に詳しく述べられています。平成十五年（二〇〇三）四月には、彼女の生誕百年を記念して故郷の山口県長門市仙崎錦町に「長門市立金子みすゞ記念館」が建てられました。

●ちがふところへゆくのなら……●深い人間省察

みすゞさんの詩のなかには仏教・浄土真宗に関係した詩がいくつかあります。「お佛壇」「報恩講」「佛さまのお國」などの詩です。

お佛壇《ぶつだん》

お背戸《せど》でもいだ橙も、
町のみやげの花菓子も、
佛さまのをあげなけりや、
私たちにはとれないの。

だけど、やさしい佛さま、
ぢきにみんなに下さるの。
だから私はていねいに、

兩手かさねていただくの。

家《うち》にやお庭はないけれど、
お佛壇にはいつだつて、
きれいな花が咲いてるの。
それでうち中あかるいの。

そしてやさしい佛さま、
それも私にくださるの。
だけどこぼれた花びらを、
蹈《ふ》んだりしてはいけないの。

朝と晩とにおばあさま、
いつもお燈明《あかり》あげるのよ。
なかはすつかり黄金《きん》だから、

御殿のやうに、かがやくの。

朝と晩とに忘れずに、
私もお禮をあげるのよ。
そしてそのとき思ふのよ、
いちんち忘れてゐたことを。

忘れてゐても、佛さま、
いつもみてゐてくださるの。
だから、私はさういふの、
「ありがと、ありがと、佛さま。」

黄金《きん》の御殿のやうだけど、
これは、ちひさな御門なの。
いつも私がいい子なら、

いつか通つてゆけるのよ。

（『空のかあさま　新装版金子みすゞ全集・Ⅱ』ＪＵＬＡ出版局）

当時の金子家のお仏壇を中心とした生活の雰囲気が伝わってきます。朝晩お灯明《あかり》をあげられるおばあさん、いつもきれいなお花がお供えしてあって、みすゞさんも朝晩両手を合わせ、お礼をしていた様子が目に浮かぶようです。みすゞさんは、「忘れてゐても、佛さま、いつもみてゐてくださるの。だから、私はさういふの、『ありがと、ありがと、佛さま』」と詠んでいます。父のいないさびしい生活のなかにも、彼女が、日々如来さまの大悲のまなざしを感じ取り、心豊かに育てられていたことが偲ばれます。

と同時に、「いい子」になれない自分を「お花だつたら」（『空のかあさま　新装版金子みすゞ全集・Ⅱ』）という詩で、「もしもお花になつたつて、やつぱしいい子にやなれまいな、お花のやうにはなれまいな」と詠んでいます。「いい子」になれない自分であることがわかったのも、如来さまのみ光に照らされていたからではないでしょうか。

報恩講

「お番」の晩は雪のころ、

雪はなくても暗のころ。

くらい夜みちをお寺へつけば、
とても大きな蝋燭《らふそく》と、
とても大きなお火鉢で、
明るい、明るい、あたたかい。

大人はしつとりお話で、
子供は騒いぢや叱られる。

だけど、明るくにぎやかで、
友だちやみんなよつてゐて、
なにかしないぢやゐられない。

更けてお家へかへつても、

なにかうれしい、ねられない。
「お番」の晩は夜なかでも、
からころ足駄の音がする。

（『空のかあさま　新装版金子みすゞ全集・Ⅱ』ＪＵＬＡ出版局）

「お番《ばん》」とは、親鸞さまのご命日にあたる一月十六日の前日の夜で「大逮夜《おおたいや》」ともいわれるご正忌報恩講《しょうきほうおんこう》のことです。この詩からは、村のご門徒さんたちが大勢お寺の本堂に集まって勤める報恩講の温かい雰囲気が伝わってまいります。お内陣は美しく荘厳され、赤い蝋燭の火がゆらめくなかで、出勤の僧侶たちも参詣の人たちも全員で「正信偈」をお勤めし、布教使さんのご法話を聞く。法話のあい間や後でお菓子やぜんざいなどがふるまわれ、大人も子どもも共に楽しく過ごす報恩講。「更《ふ》けてお家へかへつても、なにかうれしい、ねられない」と詠んでいます。

こうした雰囲気のなかでいくたびも聞いたご法話から、阿弥陀さまのお浄土や、すべてのいのちを平等にお救いくださる如来さまの温かい御心《みこころ》が、いつしかみすゞさんの心に深くしみ込んでいったのでしょう。次のような詩を詠んでいます。

佛さまのお國

おなじところへゆくのなら、
み佛さまはたれよりか、
わたくしたちがお好きなの。

あんないい子の花たちや、
みんなにいい唄きかせてて、
鐵砲で射《う》たれる鳥たちと、
おなじところへゆくのなら。

ちがふところへゆくのなら、
わたくしたちの行くとこは、
一ばんひくいとこなのよ。

一ばんひくいとこだつて、
私たちには行けないの。
それは支那より遠いから、
それは、星より高いから。

（『空のかあさま　新装版金子みすゞ全集・Ⅱ』ＪＵＬＡ出版局）

この詩は、とくに親鸞さまのみ教えの根幹を示しているように思われます。阿弥陀さまのお浄土は、何の差別もない一味平等《いちみびょうどう》のおさとりの世界（真実報土《ほうど》）であることが示されています。同時に、人間の罪悪性への深い省察がなされています。

美しく咲いて人びとの目を楽しませ静かに散っていく「あんないい子の花たち」や、「みんなにいい唄《うた》きかせてて」しかも鉄砲で撃たれていのちを落とす鳥たちも、そしてわたしたち人間も、「同じところ（お浄土）へゆくのなら」み仏さまはお喜びになる、「み仏さまはたれよりか、わたくしたちがお好きなの」と詠んでいます。善悪・賢愚、あらゆる違いを超えて、すべてのいのちを平等に受け入れ、仏のさとりに至らせる阿弥陀さまの広大無辺のお慈悲と、その願力が成就したお浄土（真実報土）の本質が示されているのです。

それに対し、「ちがふところへゆくのなら」、私たち人間が行くところは「一ばんひくいとこなのよ」と詠んでいます。人間の罪業の深さを見つめているのです。

『観無量寿経』には、人間の道徳的・宗教的行為の違いによる九品の往生（上品上生から下品下生まで九種類の往生）が説かれていますが、その一番下の「五逆罪《ごぎゃくざい》」（①父を殺し②母を殺し③阿羅漢《あらかん》を殺し④和合僧《わごうそう》を破り⑤仏身から血を出すこと）や「十悪《じゅうあく》」（①殺生《せっしょう》②偸盗《ちゅうとう》③邪婬《じゃいん》④妄《もう》語《ご》⑤両舌《りょうぜつ》⑥悪口《あっく》⑦綺語《きご》⑧貪欲《とんよく》⑨瞋恚《しんに》⑩愚癡《ぐち》）を犯した極悪人が、お念仏を称えて生まれる「下品下生」の往生が想い起こされます。

このような区別のある「九品」の世界を、親鸞さまは、自我の殻《から》に閉ざされた、真実の智慧のない、それぞれに異なった狭い世界「方便化土《ほうべんけど》」といわれます。「方便化土」とは、阿弥陀さまが、私たちを真実の世界、智慧と慈悲に満ちた「光明無量・寿命無量」の「真実報土」に導くために、仮にもうけられた世界です。しかも、その「いちばんひくいとこ」にさえ行くことができないほど人間は罪深く、お浄土は遠い、「それは支那より遠いから、それは、星より高いから」と、みすゞさんは詠んでいます。如来さまの真実のはたらきによらなければ、煩悩に縛られたわたしたちが行くことのできない遠い遠い世界なのです。

【メモ】

この詩では江戸中期以来、第二次大戦末まで使われていた「支那」という語が用いられていますが、今日では「支那」の表記を避けて多く「シナ」と書かれます。「中国」を意味します。みずゞさんは中国で亡くなったお父さんを思い、「支那」の語に特別な思いがあったのではないでしょうか。

＊　＊　＊

お浄土は、私たちが住む、争いや憎しみ、欲望のうず巻く世界とはまったく異なった仏さまのおさとりの世界・真実の世界なのです。そこは、わたしたち凡夫がつくりだす虚仮《こけ》不実《ふじつ》の世界、迷いの世界の延長線上にある世界ではなく、まったく煩悩を超絶した清らかな光の世界、仏智の世界（無量光明土・諸智土）なのです。しかし、同時に、阿弥陀さまの真実の御心《みこころ》をいただき、本願を信じ、お念仏申すところに、ただちに感得できる「近い世界」である、とも説かれています。『観無量寿経』には「ここを去ること遠からず」と説かれているのです。お浄土は、すべてのいのちあるものを救う広大無辺の智慧と慈悲の世界なのです。そして、そのことをわたしたち凡夫が知ることは、阿弥陀さまの真実の信心（仏の智慧）をいただくことによってのみ可能になるのです。

みすゞさんは、魚や鳥や獣《けもの》など、いのちあるものを獲《と》って生きていかざるを得ない人間のありようを当然事《とうぜんごと》とせず、いのちを傷つけ奪うことの悲しさ、人間の罪業の深さを詩に詠んでいます。先に掲げた「大漁」という詩の「海のなかでは　何萬の　鰮《いわし》のとむらひするだらう」や、「鯨法会《くじらほうえ》」（『さみしい王女　新装版金子みすゞ全集・Ⅲ』）という詩での、両親を殺された子くじらの悲しみへの深い思いなどに表れています。彼女の詩から、親鸞さまの「いづれの行もおよびがたき身なれば、とても地獄は一定《いちじょう》すみかぞかし」（『歎異抄』）のお言葉と、如来さまの、善悪を問わず、すべてのいのちを平等にお救いくださる広大無辺のお慈悲が偲《しの》ばれます。

煩悩を抱えた罪業深重《ざいごうじんじゅう》・地獄必定《じごくひつじょう》のわたしたちは、如来回向《えこう》の信心、阿弥陀さまがお与えくださる真実のご信心をいただき、お念仏申させていただくところに、それぞれに異なった別々の道ではない同一の道がめぐまれ、「四海のうちみな兄弟」といわれる「いのち」の共感が生まれるのです。曇鸞大師《どんらんだいし》の「かの安楽国土はこれ阿弥陀如来正覚浄華《しょうがくじょうけ》の化生《けしょう》するところにあらざることなし。同一に念仏して別の道なきがゆゑに。遠く通ずるに、それ四海《しかい》（全世界）のうちみな兄弟とするなり。眷属無量《けんぞくむりょう》なり」（曇鸞『浄土論註』巻下、親鸞『教行信証』「証巻」・同『浄土三経往生文類』引文）のお言葉が偲ばれます。阿弥陀さまの安楽国土（お浄土）は、阿弥陀さまのおさとりの華《はな》から生まれたのです。人びとは、阿弥陀さまのお慈悲のなかで生かされているので、生けるものすべてみな兄弟なのです。だから阿弥陀さまの眷属（一族・親族）は「無量である」といわれるのです。

●見えぬけれどもあるんだよ……●いのちの詩

みすゞさんは、「いのち」を、もっとも深いところで、肉眼では見えない心の眼《まなこ》で見ています。

星とたんぽぽ

青いお空の底ふかく、
海の小石のそのやうに、
夜がくるまで沈んでる、
晝のお星は眼にみえぬ。
　見えぬけれどもあるんだよ、
　見えぬものでもあるんだよ。

散つてすがれたたんぽぽの、
瓦のすきに、だァまつて、
春のくるまでかくれてる、
つよいその根は眼にみえぬ。
　見えぬけれどもあるんだよ、
　見えぬものでもあるんだよ。
（『空のかあさま　新装版金子みすゞ全集・Ⅱ』ＪＵＬＡ出版局）

彼女は、「見えぬもの」を見る眼をもっていたのです。
また、次のようにも詠んでいます。

　花のたましひ
散つたお花のたましひは、
み佛さまの花ぞのに、
ひとつ殘らずうまれるの。

だつて、お花はやさしくて、
おてんとさまが呼ぶときに、
ぱつとひらいて、ほほゑんで、
蝶々にあまい蜜をやり、
人にや匂ひをみなくれて、

風がおいでとよぶときに、
やはりすなほについてゆき、
なきがらさへも、ままごとの
御飯になつてくれるから。

（『同右』）

花にも「たましひ《い》」があること、それが如来さまのお浄土に生まれることを詠んでいます。みすゞさんは、すべての「いのち」には、宇宙をも包みこむ如来さまの無限の「いのち」（無量寿）が流れていること、そして、それぞれの「いのち」は、限りないみ光（無量光）に照らされて、阿弥陀さまの大悲の光明・広大無辺のお慈悲のなかで、それぞれに輝いていることを感じとっていたのではないでしょうか。

みすゞさんは「童謡詩人」と呼ばれていますが、たんなる童謡詩人ではなく、温かい「いのちの詩人」であると私は思います。阿弥陀さまのお慈悲が流れているのです。詩を読む者の心に、温かい「いのち」を通わせてくださるのです。

そうした宗教性豊かなみすゞさんの詩については、上山大峻・外松太恵子著『金子みすゞいのちのうた・1』（JULA出版局、平成十四年）、姫路龍正著『金子みすゞの詩情の底に流れる慈悲―浄土真宗に生きたみすゞ―』（探究社、平成十五年）、中川真昭著『金子みすゞいのち見つめる旅』（本願寺出版社、平成十五年）などでも紹介されています。

榎本栄一さんの詩《うた》

●人も　草木も　虫も……●いのちへの感動

無限の「いのち」への感動、限りない「光」の感覚は、「下町の妙好詩人」といわれ、楠恭氏や金光寿郎氏（放送ディレクター）からも紹介された榎本栄一《えのもとえいいち》さんの詩《うた》にも見られます。次のような詩があります。

一味のながれ

私にながれる命が
地を這う虫にもながれ
風にそよぐ
草にもながれ

（榎本栄一著『念仏のうた　光明土』樹心社）

いのちの饗宴

——天上天下唯我独尊——

人も　草木《くさき》も　虫も
同じものは一つもうまれない
いまうまれたもの
これからうまれるもの
ごらんください
同じやなくて　みな光る
白色白光《びゃくしきびゃくこう》　青色青光《しょうじきしょうこう》
（榎本栄一著『念仏のうた　光明土』樹心社）

命かがやく
カァカァの烏も
チュウチュウの雀も
煩悩無尽の凡夫も
みんな

じねんの命にかがやく

（『同右』）

いのちが光る

ごらんなさい　いのちが光る
お米《こめ》　お魚《さかな》　野菜など
作る人　漁《すなど》る人　運ぶ人も
ほんに私《わたくし》は　十方無量の
御いのち
御労力《おんはたらき》にささえられ

（榎本栄一著『念仏のうた　無辺光』樹心社）

井蛙《せいあ》のねんぶつ

蛙は　この野井戸《のいど》で
明け暮れ　念仏もうします
ここにも宇宙のリズムが
無辺光《おひかり》が

（『同右』）

いのちの海

生きとしいけるもの
ときにいさかいながらも
無辺の　いのちの海に
生かされており
この私《わたくし》も

（榎本栄一著『念仏のうた　難度海』樹心社）

榎本栄一さんは、明治三十六年（一九〇三）に兵庫県の淡路島三原郡阿万村に生まれ、五歳のとき、両親が大阪西区新町で小間物化粧品店を開いたので以後は大阪で育ちます。十五歳、高等小学校を卒業したときにお父さんが亡くなり、十九歳のころから店を営みます。このころ、生田春月《いくたしゅんげつ》の『詩と人生』に投稿し掲載されます。昭和二十年（一九四五）三月、大阪大空襲ですべてを焼失、家族七人は淡路島へ疎開します。昭和二十五年二月、東大阪市（当時、布施市）の高井田市場で化粧品店を開業。昭和五十四年十二月末、七十六歳で閉店廃業。難波《なんば》別院によくお参りし熱心に聴聞《ちょうもん》された方です。

●尽十方無碍光如来さまに融けこんで……●生死を超える

榎本さんは六十歳を過ぎたころから念仏詩を書きはじめ、平成十年（一九九八）、九十四歳で亡くなるまで多くの詩を詠《よ》まれました。大山澄太、米沢英雄、亀井鑛、西元宗助、楠恭、金光寿郎の諸氏とも親交がありました。晩年難聴になり、また苦しい病の床にあっても、奥さんの温かい介護のなかで作詩を続けられました。それらが詩集として何冊も出版されています。『群生海《ぐんじょうかい》』『煩悩林《ぼんのうりん》』（以上、真宗大谷派難波別院）、『念仏のうた　無辺光《むへんこう》』『同　難度海《なんどかい》』『同　光明土《こうみょうど》』『同　常照我《じょうしょうが》』『同　尽十方《じんじゅっぽう》』『同　無上仏《むじょうぶつ》』（以上、樹心社）です。八冊に収められている詩の総数は一七三七篇といわれています。それらの詩が多くの人びとから愛され、テレビやラジオでも放送されました。

そのなかの『念仏のうた　無上仏』（平成七年）に収められている金光寿郎氏との対談では、次のように述べられています。

私はこの〝尽十方《じんじっぽう》無《む》碍《げ》光如来《こうにょらい》さま〟の摂取不捨《せっしゅふしゃ》（おさめ取って捨てず）にあずかって、尽十方無碍光如来さまの中にいっしょに融《と》けこむということです。いっしょに融けこむということは、如来さまとごいっしょに尽十方に広がるということでございます。……どんなところへ行きたいとも思いません。尽十方無碍光如来さまに融けこんで、如来さまとごいっしょに三千世界を旅行いたしましょうか。

如来さまの光明（智慧）無量・寿命（慈悲）無量のおはたらきに抱きとられた榎本さんの、生死《しょうじ》を超えた限りない「いのち」の広がりが述べられています。「いのち」の永遠性と限りない利他行の実践が示されているのです。また、次のような詩を詠んでおられます。

無常こそいのちの活動

いのち無常の
虫が這い
草木《くさき》は枯れてまた茂り
私は夜ひるイキをし
一切《すべて》のいのちは　うごきおり
とどまらず　うごきおり

（榎本栄一著『念仏のうた　無辺光』樹心社）

「いのち」は「無常」であり、つねに止《とど》まることなく動き続けて生死するもの、といわれるのです。

　　尽十方
帰命尽十方無碍光如来さま
もうじき
三千大千世界いっぱいに
この私奴《わたくしめ》が
融けこんでしまいます

（榎本栄一著『念仏のうた　光明土』樹心社）

生死を超え、時空をこえて広がりはたらく「いのち」、「光寿無量のいのち」をうたわれているのです。

東井義雄さんの詩《うた》

●どの子も子どもは星……●慈父のまなざし

教育者で詩人でもあり、浄土真宗本願寺派東光寺の住職をされた東井義雄《とういよしお》さんは、次のような詩《うた》を詠《よ》んでいます。

子どもは　生きている
呼吸している
まばたいている
それぞれが　それぞれの「心」を
もっている

伸びる
太る　成長する
このすばらしさへの驚き
いのちのすばらしさへの信なしに
教育は可能であろうか。

（林芳和他共著『東井義雄のこころ』佼成出版社）

拝まない者も
おがまれている
拝まないときも
おがまれている

（東井義雄著『拝まない者もおがまれている』光雲社）

川にそって
岸がある

私にそって

本願がある
川のための
岸
私のための
本願

（東井義雄著『拝まない者もおがまれている』光雲社）

東井義雄さん（明治四十五年〈一九一二〉―平成三年〈一九九一〉）は、兵庫県出石郡（現・豊岡市）但東町佐々木の東光寺の住職をされながら、小・中学校の教員や校長として長年子どもたちの教育、とくに綴方指導など生活実践教育に携わられた方です。ご自身の悩みや戦時中の戦争協力への懺悔《さんげ》など、さまざまな苦悩・葛藤《かっとう》のなかで真実を求め続けられました。とくに、八鹿小学校校長として在任中に生徒や教職員を指導された記録集『培基根』（全六巻、不尽叢書刊行会）は有名です。

著書『村を育てる学力』（明治図書、昭和三十二年）に見られるように、とくべつに成績のよい子を育てることを目指すのではなく、どの子もどの子も、それぞれの子がそれぞれに、しっかり成長していく力を育てるために尽力されました。
それは、次の詩にもよく示されています。

どの子も子どもは星

どの子も子どもは星
みんなそれぞれがそれぞれの光をいただいて　まばたきしている
ぼくの光を見てくださいとまばたきしている
わたしの光も見てくださいとまばたきしている
光を見てやろう
まばたきに　応えてやろう
光を見てもらえないと子どもの星は光を消す
まばたきをやめる
まばたきをやめてしてしまおうとしはじめている星はないか
光を消してしまおうとしはじめている星はないか
光を見てやろう

まばたきに応えてやろう
そして
やんちゃ者からはやんちゃ者の光
おとなしい子からはおとなしい子の光
気のはやい子からは気のはやい子の光
ゆっくりやさんからはゆっくりやさんの光
男の子からは男の子の光
女の子からは女の子の光
天いっぱいに
子どもの星を
かがやかせよう。

（東井義雄著『東井義雄詩集』探究社）

東井さんは、広島大学から「ペスタロッチ賞」を、兵庫県知事や文部省から「教育功労賞」を受賞されました。昭和四十三年（一九六八）にはNHKラジオ放送「人生読本」に出演されて「いのちといのちのであい」の題で話され、平成二年（一九九〇）にはNHK教育テレビ「こころの時代」で「仏の声を聞く」と題してお話されています。『東井義雄著作集』（全十巻、明治図書、昭和四十七―五十一年）のほか、『東井義雄詩集』（探究社、平成元年）、『仏の声を聞く』（柏樹社、平成三年）、『東井義雄「いのち」の教え』（佼成出版社、平成四年）、『おかげさまのどまんなか』（同、平成六年）、『拝まない者もおがまれている』（光雲社、平成十二年）など多くの著書があります。

子どもたちとの心のふれあいやご自身の苦悩や喜び、そこから生まれた深い「いのち」の共感と感動が数多く詠まれています。豊岡市但東町の「東井義雄記念館」には多くの資料が展示されています。

●白色白光　微妙香潔……●互いに照らし合う

妙好詩人の榎本栄一さんは、東井義雄さんを讃えて次のような詩を詠んでいます。

東井先生を讃える

――なもあみだぶつ――

目をつぶると
東井《とうい》先生に
いつでもお遇いできます
そのとき
私のとげとげしいこころは
すうと消えるのでございます

×

ほかに行きどころのない
地獄一定《いちじょう》の私が
浄土からのお光に照らされる
この場所で
いつも　東井先生にお遇いでき
まことに
もったいないことです

（榎本栄一著『念仏のうた　尽十方』樹心社）

この詩は、平成三年（一九九一）に刊行された東井義雄著『仏の声を聞く』（柏樹社、平成十五年に探究社より再刊）にも収められています。

平成十六年（二〇〇四）八月十六日、私は東井さんが住職をされた東光寺へお参りしました。その折、坊守の東井浴子さん（義雄氏のご長男の故・東井義臣氏夫人）の案内で書斎に通されたとき、書棚に並んでいる数百冊の書物（多くは教育書・宗教書）のなかに榎本栄一さんの詩集があるのを目にしました。東井さんも榎本さんの詩を読んでおられたのです。

また、東井さんのご長女・迪代《みちよ》さんが嫁がれている兵庫県豊岡市但東町大河内の樂音寺《がくおんじ》には、東井さんが平成三年に亡くなられた際、榎本さんが迪代さん宛に送られたお悔みの手紙が保管されていました。

「青色青光《しょうしきしょうこう》　黄色黄光《おうしきおうこう》　赤色赤光《しゃくしきしゃっこう》　白色白光《びゃくしきびゃっこう》　微妙香潔《みみょうこうけつ》」（『阿弥陀経』）。お二人は、それぞれの光でお互いに照らし合い、微妙の香りを楽しんでおられたのです。

「妙好人」の詩《うた》とは

●こころは蛇蝎のごとくなり……●悲嘆述懐の詩

「妙好人」と呼ばれる人たちは、如来さまのおはたらきによって、煩悩の濁りのなかに清らかな白蓮華の華を咲かせた人たちです。それでも、いやそれだからこそ、自分の煩悩を深く見つめて悲嘆述懐《ひたんじっかい》しています。

浅原才市さんは、「わたしゃ　あさまし」と何十回もノートに書いて自己を慚愧《ざんぎ》し、榎本栄一さんも次のような詩《うた》で自己の「あさましさ」を告白しています。

罪悪深重

私《わたくし》はこんにちまで
海の　大地の

無数の生きものを食べてきた
私のつみのふかさは
底しれず

（榎本栄一著『煩悩林』真宗大谷派難波別院）

殺生心

二ミリ程の　黒い虫を
私《わたくし》は指ですりつぶした
私のなかからは
虫をころすようなこころも
ふと出てくる

（榎本栄一著『群生海』真宗大谷派難波別院）

非妙好人

へびのように賢く
はとのように素直でというが
よくみれば

私《わたくし》にはへびの邪知《わるぢえ》もあり
妙好人にはほど遠い
（マタイによる福音書）

（榎本栄一著『念仏のうた　無辺光』樹心社）

『歎異抄』の「わがこころのよくてころさぬにはあらず。また害せじとおもふとも、百人・千人をころすこともあるべし」、「さるべき業縁《ごうえん》のもよほさば、いかなるふるまひもすべし」、「地獄は一定《いちじょう》すみかぞかし」の親鸞さまのお言葉が想い出されます。

東井義雄さんも「地獄ぐるみ」という詩の後半のところで、次のように詠《よ》んでいます。

どんな恵まれた条件の中でも
地獄をつくらずにおれない
わたし
地獄と縁のきれない
わたし

しかし
ああ
その　地獄ぐるみ
ひっかかえて
つれていっておくれる
本願の
特急列車。

（東井義雄著『東井義雄詩集』探究社）

親鸞さまは『浄土和讃』『高僧和讃』『正像末和讃』など多くの和讃を作られましたが、『正像末和讃』の「悲嘆述懐讃」で、次のように詠んでおられます。

浄土《じょうど》真宗《しんしゅう》に帰すれども
　真実《しんじつ》の心《しん》はありがたし
　虚仮《こけ》不実《ふじつ》のわが身にて
　清《しょう》浄《じょう》の心《しん》もさらになし

訳／浄土真宗（本願念仏）のみ教えに帰依《きえ》しても、〈私には仏さまのような〉真実の心はありえないのです。虚仮（うそ・いつわり）不実（無真実）の〈煩悩の〉わが身であり、〈仏さまのような〉清浄の心は少しも持ちあわせていないのです〈そのような私の煩悩具足の姿を、如来さまから恵まれる真実のご信心（仏智＝光明）によって知らされたのです。あたかも光があたって影が浮かび上がるように〉。

悪性《あくしょう》さらにやめがたし
こころは蛇蝎《じゃかつ》のごとくなり
修善《しゅぜん》も雑毒《ざつどく》なるゆゑに
虚仮《こけ》の行《ぎょう》とぞなづけたる

訳／私の、悪を好む生まれながらの性質（煩悩）は、どうしても止《とど》めることはできません。私の心は毒蛇《どくへび》や蝎《さそり》がその毒で他の生き物を殺傷するのに似ています。私が行う善も煩悩の毒が雑《まじ》っているので、〈仏のさとりに至れる真実の善ではなく〉「虚仮（うそ・いつわり）の行」と名づけるのです。

●さはりおほきに徳おほし……●信心歓喜の詩

親鸞さまはこのように煩悩・エゴの泥から離れられない自己を悲嘆されていますが、それは決して倫理的・道徳的な自省・内省ではありません。如来の光明（仏智）に照らされてはじめて浮かびあがる自己の暗影なのです。それは、絶望の罪悪感ではなく、如来さまの大悲に抱かれた喜び・歓喜《かんぎ》のうちに詠まれた慚愧の詩《うた》なのです。

それを才市さんは、次のように詠んでいます。

あさまし《(ざんぎ)》と　よろこび《(くわんぎ)》わ
どうちも《(どちらも)》　ひとつ
なむあみだぶつ。

（鈴木大拙著『妙好人』法藏館）

うれし
くわんぎも　ざんぎも　ひとつ
わたしや　あなたに　されて　よろこぶ
なむあみだぶつ。

（『同右』）

榎本栄一さんは、次のように詠んでいます。

凡夫図絵

如来の大悲に照らされると
わが生涯のあさましきも
地獄色《じごくいろ》ながら

みな光り
一枚の曼陀羅《まんだら》のようにみえる

（榎本栄一著『念仏のうた　無辺光』樹心社）

大悲無倦

蜘蛛《くも》の張る網のように
私《わたくし》の中の我執《がしゅう》が
ありありみえるのは
なむ　大悲無倦《だいひむけん》の　御光照《おんてらし》

（榎本栄一著『念仏のうた　常照我』樹心社）

遊煩悩林

浄土のボサツさまは
ただ光となり
私《わたくし》のなかの
煩悩の林に遊んで
この林を照らす

（榎本栄一著『煩悩林』真宗大谷派難波別院）

わが身の煩悩が見えるのは光に照らされているから、といわれるのです。泥沼のような煩悩の心に、尊いご信心の華が咲いてくださったことを信心歓喜されているのです。

親鸞さまは、『高僧和讃』の「曇鸞讃《どんらんさん》」で、

無礙光《むげこう》の利益《りやく》より
威徳広大《いとくこうだい》の信《しん》をえて
かならず煩悩《ぼんのう》のこほりとけ
すなはち菩提《ぼだい》のみづとなる

訳／阿弥陀さまの何ものにもさえぎられないみ光（仏智）のご利益によって、すばらしい功徳の広く大きなまことのご信心をいただいて、必ず煩悩の氷が融けて、ただちに菩提（仏のさとり）の水に転じられるのです。

罪障功徳《ざいしょうくどく》の体《たい》となる
こほりとみづのごとくにて
こほりおほきにみづおほし
さはりおほきに徳おほし

訳／人間の罪や障《さわ》り（煩悩）がさとりの功徳のもとになるのです。あたかも氷と水のようなもので、〈氷が日光に温められて融けて水に変わると〉氷が大きいと水も多くなるように、障りが大きいと、いただく功徳も多いのです。

と詠まれています。あさましい煩悩の氷が、如来さまの光明に照らされ温められると、清らかな菩提（さとり）の水に転じられるといわれるのです。如来さまの光（仏智）に照らされると、煩悩のにごりが徳に変わるのです。

妙好人の詩《うた》に共通してみられるものは、見えないもの、如来の光明（仏智）を見る眼《まなこ》をもっておられ、そこから生まれるすべての「いのち」への慈愛のまなざしではないでしょうか。また、「生かされて生きている」ことへの深い謝念ではないでしょうか。そのようなまなざしや謝念はどのようにして生まれたのでしょうか。

＊　＊　＊

それは、その人その人の人生の悩みや苦しみ悲しみをとおして、しかも、そのなかから真実なるものの声、如来の喚《よ》び声に謙虚に耳を傾けながら一歩一歩あゆまれたがゆえに生まれたのではないでしょうか。そうした道を通って、自分が煩悩をかかえたエゴから離れられない罪業深重の凡夫であること、その自分が、自分だけでなくすべてのいのちが、限りなき御仏《みほとけ》の「いのち」（大慈悲心）に生かされ、倦《う》むことのない「み光」（仏の智慧）に照らされ護《まも》られていることに気づかれたのでしょう。そこには、善悪、賢愚や優劣、勝敗といった対立を超える、柳宗悦氏の言葉を借りれば「無対辞《むたいじ》」の思想、すなわち、すべての存在はそれぞれの光・いのちに輝いているという「複合の美」の世界が開かれているように思われるのです。

摂津のおさよさん、長門のお軽《かる》さん、そして、浅原才市さん、金子みすゞさん、榎本栄一さん、東井義雄さんら妙好人の詩《うた》は、みなそれぞれの人生の歩みのなかで、苦悩や悲しみを乗り越えながらいただかれた、如来さまの「いのち」（慈悲）と「光」（智慧）によって紡《つむ》ぎだされた「いのちの詩」ではないでしょうか。だからこそ、今を生きる私たちの心に深くしみ込むのだと思うのです。時空を超えて、いま私たちに如来さまの真実《まこと》を語りかけておられるのです。

第五章
「妙好人」のうた

《対談》摂州さよの信心の歌

—対談者—

金光寿郎 ／ 菊藤明道
放送ディレクター
（元・NHK宗教番組チーフ・ディレクター）

金光　菊藤先生がお書きになった『妙好人伝の研究』のなかで、「摂州おさよ」という方が、自身のご信心の領解《りょうげ》を歌にして残されているものを拝見しました。きょうはそのことを中心におうかがいしたいと思っています。

菊藤先生が、おさよさんの歌に最初に関心をもたれたのは、どういうところからですか。

菊藤　私は、平成十四年の五月に、京都市にお住まいの池上博士《いけがみひろし》さんから、『池上家文書』をいただきました。これは平成十二年に池上さんが郷里（岡山県津山市川崎）のご実家の仏壇の中から発見された文化十五年（一八一八）書写の奥書のある故書の複製本です。そのなかに、「摂津の国有馬郡山口村妙好人おさよの信心の歌」というものが収められていました。この文書よりかなり時代を経た江戸時代の末に西本願寺派の僧純《そうじゅん》というお坊さんが編集刊行された『妙好人伝』（全五篇）という本があります。その「第四篇」巻上の第六番目に「摂州《せっしゅう》さよ女」という人が取り上げられ「さよの信心の歌」が収められていまして、私の研究はこの両本を比較するというところから始まりました。

金光　私もこれまで『妙好人伝』というものを拝見したことはあるのですが、ずいぶんいろんな方が『妙好人伝』を出していらっしゃるということを、先生のご本ではじめて知りました。おさよさんの歌も、この本ではじめて知りました。拝見しますと、ご信心のうえでなかなか肝心な、大事なところが、平易な言葉でつづられているようですので、菊藤先生にあらためておうかがいしたいと思います。

おさよさんの歌はけっこう長いのですが、そのなかでも、この点を紹介すると肝心なところがある程度紹介できそうだ、とお思いのところをお話しいただきたいのですが。

菊藤　僧純さんの『妙好人伝』には、この「摂州さよの歌」と長門《ながと》の六連島《むつれじま》の「長州《ちょうしゅう》お軽《かる》の歌」の二つの歌が「信心の歓《よろこ》び歌」として収められています。お二人とも女性ということで、人生のいろいろな苦しみ、悩みに共通する点があります。そこから、何かほんとうのものを見つけたい、ほんとうのいのちのよりどころを見出したいと願って求めていかれた結果、親鸞聖人のお念仏の道、他力のご信心の世界に入っていかれたんだと思います。

しかし、他力のおみのりに出会うということは、なかなかたいへんなことで、話を聞いただけで理屈として「わかった」ということでは、他力のおみのりに出会ったことにはならないと思います。私がこのおさよさんの「信心の歌」からいちばん感動を受けたのは、次のようなところです。

自力《じりき》の機精《きせい》の　はからひて　うれしや　我《われ》はしんを得《え》て　次の生《しょう》には　極楽へ　むまるるみにぞ　さだまると　ときどきおもひ　くらせしを　増上《ぞうじょう》まんと　しらず

して　御《ご》ほうしや顔《がお》に　よろこびて　人をまよわし　うやまわれ　我《われ》ありがおに
すぎぬるを　此《こ》たびまれに　あひがたき　真《しん》のちしきに　もふあいて　今あやまり
を　あらためて　みればなかなか　はづかしや

こういうことに気づかれたということが、たいへんありがたいなと深く思っている次第です。

金光　いまのところは、「自力機精《じりききせい》のはからひて」＝自分の機根《きこん》というか、自分のはからいで、「うれしや　我《われ》はしんを得《え》て　次の生《しょう》には　極楽《ごくらく》へ」＝お念仏を称えたら極楽へいけますよ、ということですね。

菊藤　そうですね。

金光　そして、「次の生には極楽へ」生まれることがもう決まっていると、時どき思って暮らしていた。それが「増上慢《ぞうじょうまん》」だとも知らずに、とありますね。自分で勝手に思っているのは、「増上慢」だということなのですね。

菊藤　「増上慢」とは仏教でいう「七慢」の一つです。まだ得ていないのに得たと言い、思いあがることです。「慢」とは、自分が他人よりすぐれていると思いあがり、他人を軽んじる心のはたらきのことです。

金光　「もう、これでわかった」と自分で思っているのが増上慢だという、これはほんとうにきびしいことですね。

菊藤　そこが、いちばんきびしいところです。「自分はご信心を得たのだ」、「自分はもう救われたのだ」、だから「私はもう往生がはっきり定まったのだ」と自分で勝手に思いこんで「われあり顔」に暮らしている、そんな自分を「増上慢」だといっているのです。しかし、それに気づかないのが私たちではないか、と私は思うのです。そして、真の善《ぜん》知識《ちしき》に会って、いま、それが大きな誤りであったということに気がついてみると、自分の恥ずかしさが見えてきた、というふうに書いておられるのですね。

金光　そうすると、おさよさんは気がつかれたあとには、どういうふうな喜びになるのでしょう。

菊藤　それについては、歌のあとのほうに出てくるのですけれども、たとえば、

しゅくぜん（宿善）の時　いたらしめ　ただ一ねんに　御《お》たすけの　身にこたえつゝ　嬉しさの　くわんぎ（歓喜）はむねに　みちあまり　ほころび出《いで》て　ありがたや　たふとやとのみ　いわれつゝ　となふにくれし　ありさまは　籠《かご》を出《いで》たる　もろ鳥の　雲井《くもい》にかける　こゝちして

と詠《よ》まれています。ここには、そういう増上慢を乗り越えて、ほんとうの喜びや感謝の思いが満ち満ちてくる様子が、「ほころび出《いで》て」というすばらしい表現になっています。

梅や桜の花が春の陽光に誘われて自然に咲きそめていく、そのように心の内から自然に喜びが表れるところを見事に表現されています。そして、「籠《かご》を出《いで》たる　もろ鳥の　雲《くも》井《い》にかける　こゝちして」＝もう自由の身になって、自我の籠《かご》から広い世界に出るのです。それは宗教的世界を示しているのですけれども、ここがすばらしいな、と思っているところです。

金光　そうですね。いまご紹介いただいた部分は、「まず善知識の方のお力添えによって」ということなのでしょうけれども、自分で「ああか、こうか」と考えているのではなくて、向こうから「しゅくぜん（宿善＝如来さまからのはたらきかけ）の時」が来て、気づかせていただいた。そして歓喜《かんぎ》の気持ちが胸に満ちあふれ、それこそ、いまおっしゃった「籠を出たる　もろ鳥の　雲井にかける　こゝちして」ですから、自分でわかったと思っているのは、狭い世界だったのだ、ということですね。

菊藤　そうでしょうね。

金光　いわば、如来さまの向こうからの光に照らされて、自分は今まで狭いところにいたんだなあ、ということに気づかせていただくと、鳥が籠から飛び出るように、空高い、ものすごく広い広い世界に自分もちゃんと置かれていたということに気づかされたという喜びが、このへんによく出ているようですね。

しかし、これは、たとえば読んだり覚えたりの努力をして、それで自分も宿善に会いたいと思っても、そうはなかなかいかないということですね。

菊藤　そうなんですね。自分でああしたい、こうしたい、いろいろなことを勉強したり、覚えたり、そういう段階も大切だと思うのです。しかし、やはり、そこでとどまってしまったのでは、自我の籠の中へ閉じ込められて、籠から出られない。自分ではそこがすばらしいと思っているのでしょうけれども……。実際に籠から出て空を飛んでみると、こんな自由な、こんなすばらしい喜びの世界があったのか、ということを知る。おさよさんは、そこを見事に詠んでおられます。

＊　＊　＊

菊藤　そして、さらにおさよさんの宗教的な実体験の気持ちがあふれ出ているところがあります。読んでみましょう。

御報謝《ごほうしゃ》の　念《ねん》にひかれて　おのづから　心しづかに　おちつきて　たゞこうだい《（広大）》の
御慈悲《おんじひ》を　あをぎ敬《うやもう》　その中に　むかしを思ひ　くらぶれば　いゝし言葉も　ちが
いなく　おしへもかかわり　なけれども　此身《このみ》になりて　聞《きく》ときは　さても大きに
格別《かくべつ》の　自力の三じん　ひるがへし　利他《りた》しんじん《（信心）》　うるときは　やすしと聞《きき》し
おうじやう《（往生）》も　まさにしられて　よろこばれ　かたし《（難し）》と聞《きき》し　しんじんの　得《え》がた

かりしも　ことはりや

金光　私がここでおもしろいと思うのは、「むかしを思ひ　くらぶれば　い、し言葉もちがいなく　おしへもかわり　なけれども」というところです。いままで聞いて、覚えて、自分がこうだと思っていた言葉と、言葉自体は変わらないとおっしゃっているのですね。

菊藤　言葉も教えも昔と変わりはないのだけれども、この身になって聞くときに、いままでの自力のはからいを思い知らされる。そしてはじめて、おのずから心静かに落ち着く世界、ただ広大のお慈悲を仰ぐ世界に至ったんだということを、ここで表現されたのではないかと思います。これは、一般的な知識概念だけでは説明がつかないところです。やはりそこには宗教経験、宗教体験の事実というものが、非常によくこの歌に表れているということに感動させられるわけです。

ここでいう「自力の三心《さんじん》」とは、『観無量寿経《かんむりょうじゅきょう》』の上品上生の記述において文の表面に説かれる「顕説《けんぜつ》」の「至誠心《しじょうしん》（真実の心）・深心《じんしん》（深く信ずる心）・回向発願心《えこうほつがんしん》（修める善根《ぜんこん》を真実の深信の心にさしむけて往生を願う心）」のことで、自分でおこす自力の三つの心です。そのような「自力の三じん」を「ひるがへし」て、「利他」の、他力回向の、すなわち如来さまから与えられる真実の信楽《しんぎょう》（他力の信心）をいただいた、といっているのです。

金光　しかも、その「利他しんじん　うるときは」＝他力の信心が得られたときは、往生もたしかにやさしい行だと、易行《いぎょう》だといわれている。そのやさしいと聞いていた往生も、「まさにしられて」＝そのとおりだと知られて喜ばれる。

それから、『無量寿経』に「往《ゆ》き易《やす》くして、人なし」（「易往而無人《いおうむにん》」＝浄土に往生することは本願力によるから易《やさ》しいが、自力の心を捨てて如来さまから与えられる真実の信心を獲《う》ることは至難《しなん》であるので往生する人はまれであるの意）という言葉がありますが、往生するのは易しいと聞いていた、信心は得難いといわれるのも「ことはりや」＝それも道理であることがわかる。つまり、やさしいこともわかるし、難しいこともわかるし、ということですね。

そして、

ぐわん（願）に　そうおう（相応）　せざるゆへ　思ひしられて　今の身に　佛《ぶつ》ち（智）ふしぎ（不思議）も　と
ふとまれ　ふかくたのめと　仰《おうせ》なる　其言《こと》の葉《は》も　自力《じりき》では　はかりしられぬ　み
だぶつの　もとのおちかい（誓い）　あらわれて　帰命《きみょう》の念《ねん》と　しられたり

とおっしゃっている。

菊藤　ここも、すばらしいところですね。

金光　自力という……願を自分のものにしてしまうと、これまたおかしなことになるということですね。

菊藤　そうですね。

金光　自分がいままで考えていた、思いのなかでつかまえていた言葉自体はまちがいでないけれども、狭いところで自分のものにするということが壊れて、広い世界があることに気づかされてくると、その言葉がほんとうに生きたものとして、日々の生活のなかで味わえて、お念仏が自然にわいてくる、そういうおさよさんの喜びがよく出ているようですね。

菊藤　そうですね。自我のバリア（障壁）というものを、鳥籠に喩《たと》えておられるのでしょうが、私たちは自我の鳥籠、つまり知識やいろいろな観念という籠をつくって、そのなかに閉じこもって、自分では「これがほんとうの世界だ」と思いこんでしまう。ところが、「宿善《しゅくぜん》の開発《かいほつ》」によって真実の信心をいただいてみると、それはまことに小さな世界であって、そこを飛び出したときに、そういうバリアのない、障壁のない、ほんとうに自由な世界があるんだということに目覚めたおさよさんは、宗学の言葉を使わずに、非常にわかりやすく見事に表現されているのではないか、というように受け止めさせてもらっています。

これは、やはり、第十九願（自力諸行による往生）、第二十願（自力念仏による往生）、そして第十八願（如来の本願力による往生）へと転入していかれた（三願転入《さんがんてんにゅう》）、親鸞聖人のみ教えの根本ではないかと思います。あるいは『教行信証』の「化身土巻」で、「疑城胎宮《ぎじょうたいぐ》」とか「懈慢辺地《けまんへんじ》」といわれる「方便化土《ほうべんけど》」（第十九願の自力諸行の人や第二十願の自力念仏の人が生まれる世界。宮殿の牢獄に黄金の鎖でしばられ、あるいは蓮《はす》の華《はな》の中に閉ざされたような自由のない世界で、そこでは仏・菩薩の顔を拝むことも、法を聞くこともできない）とも関連するところではないでしょうか。つまり、法は真実であっても、自我の障壁をつくると、そこは閉ざされた世界になってしまうということでしょう。

＊　＊　＊

金光　おさよさんは、そんなに有名な方ではないのではないかと思って拝見したのですけれども、どうも先生のお調べになったところを見ると、「摂州のおさよさんの歌」は、かなり、いろいろなご信心に関心のある方がたのなかで、大事にされていたようですね。

菊藤　そうですね。この歌の跋文《ばつぶん》には「此安心書《このあんじんしょ》は七左衛門娘おさよ　十四歳より歌道《かどう》を心がけたり　家まづしからずして　栄花に暮らせし人なりけるが　しゅくぜん《（宿善）》ふかくや有りけん　伊丹《いたみ》の何がしといふ徳人へ縁付《えんづき》　男子二人なり」と書かれています。すなわち、経済的に恵まれた人のところへ嫁入りして、子どもさんも二人できたと。ところが、二十五歳のときに、ほんとうの法に出会いたい、み教えを聞きたいという思いに駆り立てられて得度《とくど》され、西本願寺の寂如《じゃくにょ》上人から法名・知専《ちせん》をいただいておられます。三十二歳で「往生を遂《とげ》しとなり」と書いてありますので、二十五歳から三十二歳までの間にこの歌を詠まれたのではないか、と思うのです。おそらく、手次寺《てつぎでら》のご住職さんが僧純さんに「この歌を載せてほしい」と依頼されて、載せられたのだろうと私は思うのですが、これが僧純さんの『妙好人伝』に載ったということは、やはり、かなり多くの人びとに読まれていただろうと思います。

おさよさんから百年ほどあと、長門の六連島のお軽さんが「おも荷背負《にせお》ふて山坂《やまさか》すれど　御恩おもへば苦にならず」という歌を詠んでいます。この歌はお軽さんの三十五歳のときの歓び歌ですが、それを読みますと、やはりとても共通する点がありますね。お軽さんの歌はおそらく、お軽さんの手次寺の西教寺住職の現道師が投稿されて、僧純さんが『妙好人伝』第三篇の巻上に収められたんだと思います。妙好人さんの歌はこういうふうにして、「信心の歓び歌」として多くの人びとに伝わっていったのではないか、と思います。

金光　おさよさんは、十四歳のころから和歌をつくっていらっしゃったということでしたね。ご信心を述べるのにも、たいへんいい調子をもっておりますし、やはりお軽さんの歌も、民謡みたいな非常に調子のいい歌になっているようですね。

菊藤　お軽さんの場合、ご本人は文字を書けなかったといわれていますので、ご住職さんが書写されたり、歌を指導される方として現道住職の弟・超道師や、現道師の次男・大龍師がおられたので、おそらく添削もされているのではないかと思うのです。だから、私の推測ですけれども、おさよさんのこの歌もおそらくお坊さんが手を加えておられるのではないかと思います。そして『妙好人伝』を出版するにあたっては、僧純さんがそれをかなり省略して、またすっきりした表現に整えて載せられた、ということだと思います。

金光　このおさよさんが述べられている心境というのは、菊藤先生がお調べになったほかの妙好人さんの世界と共通する点が見られるのでしょうか。

菊藤　そうなんです。大和《やまと》の清九郎《せいくろう》さんとか、因幡《いなば》の源左《げんざ》さんとか、石見《いわみ》の浅原才市《あさはらさいち》さん、小川仲造《おがわなかぞう》さんなど、いろいろ多くの妙好人のことを勉強させていただきますと、非常に共通した点がありますね。いちばん大きな点は、一般的な知識や学問というものではとらえられない宗教的な体験の事実があることです。そこから、親に孝行する、人に優しくするということがあったり、また、「十方衆生《じっぽうしゅじょう》（すべての生き物）に如来さまのご本願がかけられているのだ」という思いによって、人間だけでなく牛や鳥や獣《けもの》や魚や虫や、あらゆるいのちは、どのいのちもみないっしょなのだという考えに至る、いのちの共感というものがあります。これらが妙好人さんたちには、非常に優しい態度となって表れています。その人の存在自体が、私たちの心を和《なご》やかにしてくれる、温めてくれるという点で共通しているように思います。

＊　＊　＊

金光　見方によれば、妙好人とは、信心が篤《あつ》くてすべてを受け入れているが、悪く言うと、ただ「ありがたや」的なところばかりで、社会的な参加や社会変革などの志《こころざし》が見えないではないか、というような批判もあるわけです。しかし、人間を非常に深いところまで見通して、歌にして残されている妙好人さんの生き方をうかがってきたわけです。菊藤先生からご覧になって、二十一世紀に生きるわれわれ現代人に参考になるのではないかという点をご紹介いただけませんでしょうか。

菊藤　私は、鈴木大拙先生や柳宗悦先生、それから楠恭先生、そういった先師の方がたが妙好人を紹介された本をずいぶん読ませていただきました。しかし、その妙好人についての理解というものが最初はなかなか難しくて、とらえどころがないなと思っていました。それから、江戸時代の『妙好人伝』を読みますと、これも時代性というか対社会的というか、やはり幕藩権力体制に従順で、体制に反抗するような話はあまり出てきません。いわゆる「体制順応ではないか。社会の変革に対してなんら寄与していないではないか」というような論文を読みますと、「なるほどな」とそのときは思いました。それは、いまからもう十年以上前のことですが。

それでも、私が関心を持ちつづけたのは、「そういう妙好人さんたちが、なぜ周囲の人たちから、しかも今日まで、慕《した》われ親しまれているのか」と疑問をいだいたからです。妙好人というのは、榎本栄一さんも歌のなかで、「自分は非妙好人である」とおっしゃっていますように（「非妙好人」へびのように賢く／はとのように素直でというが／よくみれば／私にはへびの邪知《わるぢえ》もあり／妙好人にはほど遠い）、「自分は妙好人である」とは絶対におっしゃらない。因幡の源左さんも同じです。でも、その人とふれあった人たちは、みんな喜びをもつようになるのです。そこには、現代のように「こちらは正しいが、あちらは悪い」などという何でも対立させることを超えた世界があります。柳先生のお言葉を借りますと、「無対辞《むたいじ》」ということです。

金光　「向かいあう」「対峙《たいじ》する」という言葉（言辞）の否定で「無対辞」というのですね。

菊藤　そうです。柳宗悦さんが亡くなる前の最後の論文は「無対辞文化」というもので、AとBという対立したものを超えたところに、真実のいのちの輝きを見出していこうとされたのです。

私は妙好人について、周囲の人びとを和ませることだけでもすごいなと思うのです。

悪事や争いをしていた人たちが、妙好人さんの言動にふれて、それを改めたという話が『妙好人伝』にはたくさん出てきます。現代を生きる私たちは、あれだこれだと理屈をいって議論をしますけれども、その議論を通しても私たちの心はいっこうに和まない。かえっていらだってしまうのは、これはもう世界的な状況ではないかと思うのです。議論も時として必要でしょうけれども、その根底にはお互いを敬愛する心が大切ではないでしょうか。

＊　＊　＊

金光　先の榎本さんは、仏教の教えやご自分の境涯を詩の形で表されていますが、何かいまのお話に関連があるような詩がありましたら、ご紹介いただけませんか。

菊藤　榎本栄一さんは、東大阪市の高井田市場で化粧品店を営んでおられました。大阪の難波別院によくお参りして聴聞《ちょうもん》され、「宗教詩」といったらいいのでしょうか、たくさんの詩をつくられて、何冊もの本として出版されています。そのなかから、いくつかの詩を紹介させていただきます。

まずは「一味のながれ」という短い詩です。

私《わたくし》にながれる命が／地を這う虫にもながれ／風にそよぐ／草にもながれ

次に「いのちの饗宴」です。

人も　草木《くさき》も　虫も／同じものは一つもうまれない／いまうまれたもの／これからうまれるもの／ごらんください／同じやなくて　みな光る／白色白光《びゃくしきびゃくこう》　青色青光《しょうじきしょうこう》

これは『阿弥陀経』の文「池中蓮華《ちちゅうれんげ》　大如車輪《だいにょしゃりん》　青色青光《しょうしきしょうこう》　黄色黄光《おうしきおうこう》　赤色赤光《しゃくしきしゃっこう》　白色白光《びゃくしきびゃっこう》　微妙香潔《みみょうこうけつ》」から引用しておられるのでしょう。それから「命かがやく」という詩があります。

カァカァの烏も／チュウチュウの雀も／煩悩無尽の凡夫も／みんな／じねんの命にかがやく

それから「いのちが光る」という詩です。「いのち」ということを非常によく詠んでおられるのです。

ごらんなさい　いのちが光る／お米《こめ》　お魚《さかな》　野菜など／作る人　漁《すなど》る人　運ぶ人も／ほんに私《わたくし》は　十方無量の／御いのち／御労力《おんはたらき》にささえられており／この私《わたくし》も

最後に「いのちの海」という詩を紹介しましょう。

生きとしいけるもの／ときにいさかいながらも／無辺の　いのちの海に／生かされ

金光　榎本さんは現代風の詩として詠んでいらっしゃるわけですけれども、これをおさよさんとか、お軽さんに聞いてもらうと、おそらく「そう、そのとおり」とおっしゃるんでしょうね。

菊藤 そうでしょうね。それはまた、金子みすゞさんの詩も同様だと思います。最近、金子みすゞさんも妙好人として紹介されています。「いのち」について詠まれた「大漁《たいれふ》」という詩があります。

朝焼小焼《あさやけこやけ》だ／大漁《たいれふ》だ／大羽鰮《おおばいわし》の／大漁《たいれふ》だ。
濱《はま》は祭《まつ》りの／やうだけど／海《うみ》のなかでは／何萬《なんまん》の／鰮《いわし》のとむらひ／するだらう。

金光 有名な詩ですね。

菊藤 このように多くの方がたが、いろんなところで、いのちの尊さを詠んでいらっしゃいます。

金光 妙好人さんはその時代に応じて、深い境涯を、それぞれの与えられた境遇のなかで詩《うた》にしていらっしゃいます。そういうものをこれからも大事にして、われわれももう一度味わってみたいものだと思いながらお話をうかがいました。本日はどうもありがとうございました。

※本章は左記のラジオ放送の記録を元に新たに書き起こしました。
NHKラジオ第二放送「宗教の時間」（平成十六年五月二日・九日）
「妙好人のうた――摂州さよの信心の歌――」《対談》金光寿郎／菊藤明道

あとがき

二十一世紀に入り、人類はますます混迷と不安のなかに落ち込んでいくようです。まるで下降する渦巻線《スパイラル》のように……。

知識・学問は進歩し、科学技術は情報技術や生命科学の進歩に見られるようにまったく新しい領域に入りました。生活は便利になり、物質的には豊かになりましたが、犯罪は増加・凶悪化の一途を辿り、環境汚染が進み、紛争・戦争が激化するなど、いのちを傷つけ踏みにじる行為・状況がいっそう深刻化してきました。人類は人間として、進歩しているのか、それとも退歩しているのか、昨今、後者の思いが強いのは私だけでしょうか。

ここ数年来、私は「信心の華《はな》」といわれる妙好人の心性《しんせい》や言動、倫理観やエートス（道徳的気風・社会的心的態度）についての研究を進め、それをまとめて平成十五年十月に『妙好人伝の研究』を刊行しました。研究をとおして、妙好人の背景には、おみのりを伝えられた善知識《ぜんちしき》さんがおられたこと、仏法聴聞《ぶっぽうちょうもん》を重ねてご法義が伝わったこと、さらにそれが多くの人びとの心にとどまることなく広まっていく仏法弘通《ぐづう》のはたらきが見られることを知りました。

そして、妙好人の信心や言動から、私たちがつくりだしている現代の差別・対立の世界とは異なった、広い一味《いちみ》平等の世界のあることを教えられました。生死《しょうじ》を超《こ》える安らぎの世界、紛争・闘争とは異なる和《やわ》らぎの世界、いのちのぬくもりが伝わる喜びの世界があることを知らされました。それは明信仏智《みょうしんぶっち》の人――仏の智慧を明らかにいただかれた人「妙好人」をとおして、如来さまの光明（仏智）が照らしているからでしょう。如来の智慧の光は、私たちの知識・理性の根底にある我執《がしゅう》を照らし出し、いまのあり方でよいのかと問いかけているのです。

＊　＊　＊

本書はとくに「妙好人の詩《うた》」について味わったものですが、それは次のようなご縁をいただくなかで生まれました。

昨年（平成十六年）一月のはじめごろ、突然電話がかかってまいりました。受話器をとると「NHKの金光ですが……」の声が聞こえました。NHK教育テレビの「こころの時代～宗教・人生」で何度かお顔を拝見し、ラジオの「宗教の時間」でもしばしばお声を聞いていたので瞬時に宗教番組ディレクターの金光寿郎氏とわかりました。私にいったい何をお聞きになりたいのだろうと思っていたところ、私の『妙好人伝の研究』を読んで、とくに第六章「新出・摂州さよの信心の歌」に関心をもったので対談したいとの申し入れでした。ありがたいご縁と思い即座に承諾いたしました。

同年四月十六日、午前十時半から私が勤務する大学の研究室で対談は行われました。金光氏の味わい深いお話しぶりについては、これまでテレビやラジオで何度かお聞きしていたのと、以前、NHKラジオ番組の「ラジオ深夜便」で放送された教育者・東井義雄氏との対談「子どもの心が育つ時」のカセットテープを購入して何度も聴いていましたので、ある程度はわかっていましたが、氏の話の進め方の巧みさにはあらためて驚かされました。最初は「妙好人」に関する話を、雑談を交えながら二〜三十分話し合いました。その間に私からどんどん思いを引き出され、調子が出てきたところで、「では、今から録音を始めましょう」と言って録音器のスイッチを入れられました。氏の、深く鋭い、しかもやさしく温かい質問に、懸命に言葉を選びながらお答えしたことを覚えています。

対談は、妙好人の話に始まって、摂州《せっしゅう》おさよさんや長門《ながと》六連島《むつれじま》のお軽《かる》さんの信心の歓《よろこ》び歌、さらには、浅原才市さん、金子みすゞさん、榎本栄一さん、東井義雄さんの詩《うた》にまで及びました。最後に、妙好人のご信心や言動から、現代に生きる私たちが学ぶものは何かについてお尋ねになりました。私の拙い話に頷きながら耳を傾けられ、さらにそれをご自身の深い思索をとおして、より味わい深い言葉に改めて、私にお返しくださいました。

約三十分の録音が終わり緊張から開放されたあと、いろんなお話をうかがいました。そのなかで、私がご指導いただいていた妙好人研究家の楠恭氏（平成十二年四月八日死去、八十三歳）の話が出ました。鈴木大拙氏に師事され、柳宗悦氏とも親交があり、『定本・浅原才市の歌』（法藏館、昭和六十三年）など妙好人に関する多くの著書を残された楠氏とたいへん親しくされていたこと、毎月一回、横浜市戸塚区原宿町の楠氏のお宅で数人の方と『教行信証』を読む会をもたれていたことなどを話されました。お話を聞きながら、金光氏も楠氏と共著で『妙好人の世界』（法藏館、平成三年）を出版されていたことを思い出していました。私がいまも折に触れ読ませていただいている本です。

不思議のご縁を思わずにはいられません。というのも録音の日、私は研究室の机の上に楠氏の写真を飾っていたのです。そして、十日ほど前、楠氏の生家である富山県小矢部市の道林寺のお墓にお参りしてきたこと、また、平成十年九月五日に横浜の鶴見大学で開催された日本印度学仏教学会で「妙好人伝」に関する研究発表を行った際、当時原宿町に住んでおられた楠氏が聞きにこられ、終了後席をあらためて鈴木大拙氏や柳宗悦氏の思い出、金光氏との親交の様子などをうかがったこと、妙好人研究についてもいろいろとご教示をいただいたことなどをお話しました。じつに楽しいありがたいひと時でした。

放送は、平成十六年五月二日と九日にNHKラジオ第二放送の「宗教の時間」でされました。金光氏から送っていただいた録音テープを法藏館で起こしてくださり、それに新たに書き加えて本書が生まれた次第です。金光氏からは序文をいただきました。やさしい文章のなかに妙好人の現代的意義が的確に表現されており、深い感銘を覚えた次第です。

＊　＊　＊

なお、摂州さよさんについては、僧純編『妙好人伝』第四篇巻上の「摂州さよ信心の歓び歌」と、京都市に在住の池上博士氏よりいただいたさよさんの歌の元歌と思われる歌の写本に拠りました。

長門のお軽さんについては、僧純編『妙好人伝』第三篇巻上の「長州お軽の歌」と、お軽さんの師匠寺（菩提寺）である山口県下関市六連島の西教寺前住職・西村真詮師が編集された『妙好人おかるさん』（西教寺内・六光会）に拠りました。

浅原才市さんについては、昭和五十六年（一九八一）に才市さんの五十回忌法要が島根県邇摩郡温泉津町小浜の安楽寺と西楽寺で営まれ、お参りしたときに入手した資料と、鈴木大拙編著『妙好人浅原才市集』（春秋社）、楠恭編『定本・妙好人才市の歌』、鈴木大拙著『妙好人』、藤秀璻著『宗教詩人才市』、楠恭・金光寿郎共著『妙好人の世界』、梯實圓著『わかりやすい名言名句―妙好人のことば』（以上、法藏館）、楠恭著『妙好人を語る』（日本放送出版協会）、寺本慧達著『浅原才市翁を語る』（長円寺）、高木雪雄著『才市同行―才市の生涯と周縁の人々』（永田文昌堂）、利井興弘著『才市念佛抄』『続才市念佛抄』、川上清吉著『才市さんとその歌』（以上、百華苑）、さらに、才市さんの師匠寺である島根県江津市後地町の涅槃寺の住職をされた高木雪雄師、並びに涅槃寺の現住職・倉智茂保（英晶）師からの聴き取り調査といただいた資料、倉智師編・冊子『才市の世界』などに拠りました。

金子みすゞさんについては、矢崎節夫著『童謡詩人金子みすゞの生涯』、『金子みすゞ全集Ⅰ～Ⅲ』、上山大峻・外松太恵子著『金子みすゞいのちのうた・1』（以上、JULA出版局）、中川真昭著『金子みすゞいのち見つめる旅』（本願寺出版社）、並びにみすゞさんのお墓がある山口県長門市仙崎の遍照寺の前坊守・金田和子様、また、金子家（金子文英堂書店）で『歎異抄』などの講話をされた和道實師のお寺である山口県大津郡三隅町西福寺の前坊守・和伊津子様からの聴き取り調査やいただいた資料に拠りました。なお、遍照寺の前坊守・金田和子様には、昨年（平成十六年）六月四日に急逝されました。執筆にあたって懇切なご教示をいただきながら、本書をお目にかけることができなかったことをたいへん残念に思います。

榎本栄一さんについては、榎本栄一著『群生海』、『煩悩林』（以上、真宗大谷派難波別院）、『念仏のうた・無辺光』『同・難渡海』『同・光明土』『同・常照我』『同・尽十方』『同・無上仏』（以上、樹心社）と、晩年病床にあった栄一さんの介護にあたられた奥様のお話に拠りました。

東井義雄さんについては、『培基根』（不尽叢書刊行会）をはじめとする氏の教育実践記録集、『東井義雄詩集』（探究社）、『東井義雄著作集』（明治図書）、『拝まない者もおがまれている』（光雲社）と、兵庫県豊岡市但東町の東井義雄記念館に展示されている資料、および氏が住持された豊岡市但東町佐々木の東光寺坊守・東井浴子様、氏の実妹にあたられる豊岡市日高町宵田の浄土真宗本願寺派・本行寺の前坊守・小田正代様、氏のご長女で豊岡市但東町大河内の曹洞宗・樂音寺住職・宇治田透玄師（東井義雄記念館館長）夫人の宇治田迪代様からの聴き取り調査に拠りました。二十年ほど前、京都府福知山市字呉服の私の寺の本堂で情熱を傾けてお話いただいた時のお姿が浮んでまいります。

第五章《対談》の柳宗悦氏の妙好人観については、寿岳文章編『柳宗悦　妙好人論集』（岩波文庫）、中見真理著『柳宗悦―時代と思想―』（東京大学出版会）を参照しました。

そして、親鸞聖人および七高僧の聖教類については、浄土真宗本願寺派本願寺出版社発行の『浄土真宗聖典（註釈版）』、『浄土真宗聖典　七祖篇（註釈版）』に拠りました。

そのほか、多くの方がたからあたたかいご支援をいただいて、「いのち」を見つめる旅をさせていただいたことを深く感謝しております。

最後に、本書の校閲の労をとられた龍谷大学大学院博士課程の飯島憲彬氏と、本書の編集と出版にご尽力いただいた法藏館社長・西村七兵衛氏、編集長・上別府茂氏、編集を担当の花月亜子氏（花月編集工房）に厚く御礼申し上げます。

平成十七年十一月一日

菊藤　明道

菊藤明道（きくふじ　あきみち）
1936年京都府に生まれる。
1973年龍谷大学大学院文学研究科博士課程（真宗学専攻）満期退学。龍谷大学非常勤講師・京都短期大学教授を経て、現在、京都創成大学経営情報学部教授（宗教学・倫理学）・京都短期大学名誉教授・浄土真宗本願寺派明覚寺住職。
著書に『倫理的世界と宗教的世界』（永田文昌堂、1980年）、『妙好人伝の研究』（法藏館、2003年）、共著に『蓮如上人と絵伝』（教行社、1993年）、武田龍精編『仏教生命観からみたいのち』〔龍谷大学人間・科学・宗教ORC研究叢書１〕（法藏館、2005年）などがある。

妙好人の詩《うた》
二〇〇五年一一月二〇日　初版第一刷発行
著　者　菊藤明道
発行者　西村七兵衛
発行所　株式会社　法藏館
京都市下京区正面通烏丸東入
郵便番号　六〇〇―八一五三
電話　〇七五―三四三―〇〇三〇（編集）
〇七五―三四三―五六五六（営業）
印刷・製本　亜細亜印刷株式会社

ISBN4-8318-2315-5 C1015